VLADIMIR POUTINE
L'ACCUSATION

ROBERT BADINTER

BRUNO COTTE ALAIN PELLET

# VLADIMIR POUTINE
# L'ACCUSATION

Fayard

Les auteurs expriment leur reconnaissance à Victor Grandaubert, docteur en droit, pour la contribution qu'il leur a apportée.
Ils remercient également Aude Napoli pour son précieux concours.

La rédaction du présent ouvrage a
été achevée début mars 2023

Couverture LE PETIT ATELIER

ISBN 978-2-213-72612-0
Dépôt légal : avril 2023

# Introduction

Vladimir Poutine a d'ores et déjà perdu la guerre d'agression qu'il a lancée contre l'Ukraine, nation proche et amie.

De telles entreprises ne peuvent réussir que si elles sont foudroyantes, comme l'Allemagne nazie les avait accomplies en Europe continentale et qui mena la Wehrmacht en octobre 1941 aux portes de Moscou. La bataille de Stalingrad pendant l'automne 1942 marqua le début de la fin du Reich nazi. Le drapeau hissé à Berlin au printemps 1945 par l'Armée rouge symbolisa sa défaite. L'URSS s'affirma alors comme la seconde puissance du monde.

Dans ce climat de victoire, Vladimir Poutine vit le jour à Leningrad dans un faubourg ouvrier. C'est au sein d'une URSS puissance mondiale et dans la capitale impériale de la Russie qu'il grandit. Tout y respirait la grandeur du passé et les promesses d'un avenir qu'on annonçait radieux. Nous savons aujourd'hui ce qu'il en était : un État totalitaire, dont les instruments étaient la police d'État, le KGB et son annexe concentrationnaire, le Goulag.

Que Vladimir Poutine à sa sortie de l'Université – où il

étudiait le droit et les relations internationales – ait choisi de faire carrière au KGB, rien de plus révélateur. À vingt ans, il voulait le pouvoir et aimait le secret. Encore lui fallait-il de la chance, nécessaire, selon Napoléon, au succès des hommes ambitieux. Ce fut le cas pour Poutine. Après avoir servi en Allemagne de l'Est, où il assista à l'agonie du régime communiste, Poutine revint à Leningrad, rebaptisée Saint-Pétersbourg. Il gagna la confiance du maître politique de la cité, Anatoli Sobtchak, et en devint le dévoué premier adjoint. Grâce à sa protection, il connut l'élite politique de cette période de décomposition de l'Union soviétique, qui devait s'achever avec Boris Eltsine dont il fut un collaborateur discret. Le reste de sa carrière appartient à l'Histoire.

Vladimir Poutine, le gamin des faubourgs de Leningrad s'est hissé à la présidence de la Russie nouvelle depuis 2000 et gouverne l'État le plus étendu du monde. De surcroît, il aurait amassé une immense fortune. Son pouvoir est assuré par le système politique qu'il veut contrôler jusqu'en 2036.

Vladimir Poutine est aujourd'hui l'un des hommes les plus puissants de la planète. Alors, pourquoi cette guerre délibérément lancée contre l'Ukraine sous le prétexte fallacieux de crimes commis contre des Russes et les russophones du Donbass par des Ukrainiens « néonazis » ?

La réponse est simple : l'Ukraine ne veut pas être un satellite de la Russie et préfère rejoindre l'Union européenne avec son niveau économique, sa liberté, sa culture qui ne sont pour Poutine que des foyers de décadence.

Ce qui est en jeu dans l'agression de Poutine contre

l'Ukraine est plus qu'une annexion du Donbass et des rivages de la mer Noire. C'est une forme de croisade contre la déchéance morale de l'Occident, inspirée par Cyrille, le patriarche de Moscou, l'autorité spirituelle du régime de Vladimir Poutine, qui rejoint ainsi la longue tradition de la Russie impériale.

Mais le dictateur s'est trompé. Son réseau d'espionnage dans ce pays si proche a failli, à moins que Poutine n'ait étendu aux Ukrainiens le mépris dans lequel il tient la culture et les mœurs de l'Union européenne, inspirés par le grand Satan américain.

Vladimir Poutine a grandi dans l'URSS bercée par le récit de la « Grande Guerre patriotique ». Pour lui, la Russie est historiquement la patrie du bien, et l'Occident le foyer de la décadence. Pour lui, reconstituer l'Empire russe, éclaté par la faute de dirigeants incapables, est un impératif. Poutine est un mystique de la grandeur russe. Et tant pis pour les nations voisines qui ont choisi la liberté. D'où l'agression de sang-froid lancée contre l'Ukraine.

On sait combien dans l'Histoire les relations entre la Russie et l'Ukraine ont été difficiles, marquées par des conflits sanglants. Pour un Pétersbourgeois, l'Ukraine a toujours été une partie de l'Empire, y compris dans l'URSS. Or, pour les Ukrainiens, constituer un État indépendant et refuser toute allégeance à Moscou représentent un impératif national et une exigence de souveraineté. D'où la résistance qu'ils ont opposée depuis plus d'un an à l'agression russe et dont l'intensité a surpris le monde entier, à commencer sans doute par Poutine lui-même.

Mais, comme tout dictateur, Poutine ne peut reconnaître s'être trompé. Périssent les Ukrainiens et même les soldats russes plutôt qu'avouer ses erreurs et rechercher la paix à la faveur d'une conférence internationale sous l'égide de l'ONU. Il y serait négocié entre les parties un accord reposant sur les principes du droit international et d'abord du droit des peuples à disposer d'eux-mêmes. Nous verrions alors quelles populations dans le Donbass ou en Crimée ont la volonté d'être russes ou ukrainiennes. Mais nous n'en sommes pas là. L'inspiration du président Wilson, qui présida à la création de la Société des Nations, première version de l'ONU, n'est pas celle qui anime Poutine. Et, pour le moment, c'est la guerre déclenchée par lui qui ravage cette région de l'Europe parsemée de centrales atomiques. Qu'un hélicoptère tombe ou qu'un missile s'écrase sur l'une d'elles, et ce serait Tchernobyl à la puissance x. On n'ose imaginer cette apocalypse atomique à côté de laquelle Tchernobyl apparaîtrait comme un épisode regrettable, mais sans rapport avec la dimension du désastre dont les peuples européens seraient menacés.

Il est vraisemblable que dans l'esprit de Vladimir Poutine, les Ukrainiens accepteraient le coup de force russe. Au pire, il devait s'agir d'une guerre éclair où l'armée russe, considérée dans le monde comme une force militaire de premier rang, écraserait les maigres troupes dont l'Ukraine pouvait disposer.

Toutefois, Vladimir Poutine méconnaissait les leçons de l'Histoire. Durant l'hiver 1940, l'Armée rouge, présentée par la propagande stalinienne comme une force militaire irrésistible, n'avait pu écraser la petite armée de la Finlande. Hitler et l'état-major de la Wehrmacht en avaient tiré les enseignements : si l'URSS, ce colosse militaire, n'avait pu vaincre en 1940 une poignée de soldats finlandais, comment l'Armée rouge pourrait-elle s'opposer en 1941 à la Wehrmacht, aguerrie par les campagnes victorieuses de Pologne en septembre 1939, de France en mai-juin 1940, de Yougoslavie et de Grèce au printemps 1941 ? Ce fut une formidable force militaire que Hitler lança en juin 1941 à l'assaut de l'URSS dans l'opération Barbarossa. On sait ce qu'il advint. La puissance de la Wehrmacht la conduisit jusqu'aux portes de Moscou. Elle encercla aussi Leningrad, soumise à la famine et aux bombardements d'un siège de plus de deux ans, qui causa dans la population civile des milliers de morts. Ce terrible souvenir hante encore cette capitale du Nord dans laquelle a grandi Poutine, et aurait dû le détourner à jamais des guerres d'agression.

À l'évidence, il n'en a rien été. Habité par la puissance passée de l'Empire russe, Vladimir Poutine veut la rétablir, oubliant que dans le monde, et notamment en Europe, c'est dans la compétition économique que les États affirment leur puissance. À cet égard, la Russie, dotée d'immenses ressources naturelles et forte de son niveau scientifique, demeure un compétiteur de premier rang.

On sait ce qu'il est advenu de l'« opération spéciale » déclenchée par Vladimir Poutine. Là où l'armée russe devait sans difficulté affirmer sa toute-puissance, elle s'est heurtée à l'amour de la liberté d'un peuple fier de son passé et résolu à préserver son indépendance. Vladimir Poutine a confondu les aléas de la vie politique intérieure de l'Ukraine avec un affaiblissement de la volonté des Ukrainiens d'être libres et européens. Cette erreur d'appréciation l'a entraîné à la faute majeure de recourir à la force militaire pour soumettre un peuple voisin. La résistance ukrainienne témoigne de son amour de la liberté sur la scène internationale comme sur le plan intérieur. Double défi lancé au Goliath russe par le David ukrainien. Vladimir Poutine a réagi en donnant l'ordre à ses forces armées d'envahir l'Ukraine. C'est, bien au-delà de l'opération de police qu'il avait annoncée, une véritable guerre d'agression qu'il mène contre l'Ukraine, celle-ci soutenue et confortée par la fourniture d'armes par les États-Unis et certains États européens. C'est aussi l'inévitable cortège de crimes de guerre, voire de crimes contre l'humanité, qui accompagne toute guerre d'agression déclenchée par un dictateur emporté par l'*hubris.* Un an après le début du conflit en Ukraine, nul ne saurait raisonnablement dire quand et comment il finira. Par la victoire militaire des forces russes ou par leur défaite sanglante face à la résistance des Ukrainiens ?

Dans cette dernière hypothèse, quel sera le destin judiciaire de Vladimir Poutine ? Au regard des crimes qu'il a commis, il est indispensable qu'il soit jugé par une juridiction internationale répondant à toutes les exigences du procès équitable. La Cour pénale internationale de La Haye, issue du Statut de Rome de 1998, offre un tel forum, sinon, dans l'état actuel de son statut pour le crime d'agression, du moins pour les autres crimes dont il peut être légitimement accusé. Elle a été conçue pour connaître pareils crimes et juger leurs auteurs selon les principes du *Due Process of Law.* Certes, l'Ukraine n'est pas partie au

Statut de Rome. Elle a toutefois accepté la compétence de cette dernière pour juger les crimes commis sur son sol depuis 2014. Par ce biais, Vladimir Poutine pourrait relever de sa compétence. Encore faudrait-il qu'il soit renversé et livré par de nouveaux maîtres de la Russie, comme ce fut le cas pour le Serbe Milošević, pour être traduit devant la Cour pénale internationale.

Ceux qui ont une foi inébranlable dans la justice internationale rêvent d'entendre : « Accusé Poutine, levez-vous ! »

Pour satisfaire à cette exigence de justice, il faut que la défaite russe soit acquise en Ukraine, que le dictateur soit renversé et que de nouveaux dirigeants russes le remettent à la Cour pénale internationale ou à une juridiction internationale *ad hoc*, comme Milošević après sa chute. Ce serait là une avancée considérable de la justice internationale au service de la paix.

Qu'elle soit juridiquement possible, c'est ce que nous montrons dans cet ouvrage, qu'elle soit politiquement concevable, seule la défaite russe dans l'invasion de l'Ukraine l'assurera.

Le conflit dure. Les crimes commis sur le terrain s'accumulent. La collecte des preuves se poursuit, et il le faut pour que justice soit faite. Les connaissances que l'on a suffisent à en établir la réalité et permettent d'en imputer la responsabilité première à Vladimir Poutine.

C'est l'objet de cet ouvrage.

# I

## Juger Vladimir Poutine

### *La guerre de Vladimir Poutine*

Bien qu'elle soit théoriquement « hors-la-loi », la guerre est loin d'avoir été éradiquée de notre monde. Qu'ils soient internes ou internationaux, les conflits armés n'ont pas cessé, malgré les engagements successifs des États de s'abstenir, « dans leurs relations internationales, de recourir à la menace ou à l'emploi de la force ». En dépit de « pics de violence » périodiques, le nombre de conflits, comme celui des victimes, a cependant décru progressivement depuis 1946. La guerre menée par la Russie en Ukraine stoppe net cette tendance, avec plus de 8 101 tués et au moins 13 419 blessés au 27 février 2023, selon les estimations du Haut-Commissariat des Nations unies aux droits de l'homme, qui sont probablement très en-deçà de la vérité. Selon une source que l'on peut considérer comme objective et dont les chiffres sont comparables à ceux les plus habituellement cités (mais non vérifiés), à la fin de 2022, les Russes avaient subi 180 000 morts ou blessés et, pour les Ukrainiens, le chiffre était de 100 000 victimes militaires et 30 000 civils morts[1]. Pour sa part, à la même date, le Haut-Commissariat pour les réfugiés estimait à plus de 8 millions le nombre des réfugiés d'Ukraine au 28 février 2023.

Cette guerre, baptisée « opération militaire spéciale », a été déclenchée à six heures du matin le 24 février 2022 au moment où elle était annoncée ainsi par Vladimir Poutine, le président de la Fédération de Russie :

« *Les circonstances nous obligent à agir de manière décisive et immédiate. Les Républiques populaires de Donbass ont demandé l'aide de la Russie.*

« *À cet égard, conformément à l'article 51 de la partie 7 de la Charte des Nations unies, avec l'autorisation du Conseil de la Fédération de Russie et conformément aux traités d'amitié et d'assistance mutuelle avec les Républiques populaires de Donetsk et de Louhansk ratifiés par l'Assemblée fédérale le 22 février de cette année,* j'ai pris la décision *de mener une opération militaire spéciale.*

« *Son but est de protéger les personnes qui ont été soumises à des abus, à un génocide par le régime de Kiev pendant huit ans. Et à cette fin, nous chercherons à démilitariser et à dénazifier l'Ukraine, à traduire en justice ceux qui ont commis de nombreux crimes sanglants contre des civils, y compris des citoyens de la Fédération de Russie.*

« *Je compte sur la position consolidée et patriotique de tous les partis parlementaires et des forces publiques.*

*« Après tout, comme cela a toujours été le cas dans l'histoire, le destin de la Russie est entre les bonnes mains de notre peuple multiethnique. Cela signifie que les décisions que nous avons prises seront mises en œuvre, que nos objectifs seront atteints et que la sécurité de notre patrie sera garantie de manière fiable*[2]. »

En prenant cette initiative, Vladimir Poutine se posait en chef de guerre et assumait d'emblée la responsabilité de l'« opération ».

## *Inenvisageable impunité*

Traditionnellement, le droit international régit les rapports entre États. Progressivement, il s'est « humanisé » : d'une part, en protégeant directement les êtres humains (notamment dans les conflits armés, et c'est le « droit humanitaire de la guerre »), d'autre part, en obligeant ceux qui violent ces règles protectrices à répondre de leurs violations devant des juridictions internationales.

Conformément au « Statut de Rome », le traité du 17 juillet 1998 qui a créé la Cour pénale internationale (CPI) siégeant à La Haye : « les crimes les plus graves qui touchent l'ensemble de la communauté internationale ne sauraient rester impunis et [...] leur répression doit être effectivement assurée par des mesures prises dans le cadre national et par le renforcement de la coopération internationale ». Le préambule de ce traité rappelle « qu'il est du devoir de chaque État de soumettre à sa juridiction criminelle les responsables de crimes internationaux » ; il n'y a guère de chance que la Russie juge ses citoyens pour les crimes qu'ils commettent en Ukraine, et son président moins encore – aussi longtemps qu'il demeurera chef de l'État.

L'Assemblée générale des Nations unies n'en a pas moins souligné dans la résolution 6 adoptée le 23 février 2023, lors de sa 11e session extraordinaire d'urgence consacrée à la crise ukrainienne, « qu'il faut ouvrir des enquêtes et engager des poursuites appropriées, équitables et indépendantes au niveau national ou international pour que les auteurs des crimes les plus graves, au regard du droit international, qui auront été commis sur le territoire ukrainien répondent de leurs actes, et pour que justice soit rendue à toutes les victimes et de futurs crimes soient évités[3] » .

Bien que, dans l'état actuel du droit, la CPI n'ait qu'une compétence limitée pour juger les crimes définis par son statut[4], les références à celui-ci, longuement et soigneusement négocié entre une large majorité des États du monde, et ratifié par 123 d'entre eux, ne s'en imposent pas moins, en particulier pour ce qui est de la définition des crimes internationaux (articles 5 à 8bis) et, plus généralement, en ce qui concerne les conditions de mise en œuvre de la responsabilité pénale internationale des individus. Ces dispositions reflètent en grande partie le droit coutumier international – c'est-à-dire les règles qui sont universellement applicables, même en l'absence de traité.

## *Une juridiction introuvable ?*

Le jugement de Vladimir Poutine par une juridiction internationale, en particulier par la CPI, se heurte également à maints obstacles.

Dans l'état actuel des choses, il ne saurait avoir lieu que *in absentia* ; or la contumace, inconnue des systèmes de *common law*, n'est acceptée qu'avec réticence en droit international pénal. Possible devant les tribunaux militaires internationaux de Nuremberg et de Tokyo[5], la contumace n'a été expressément prévue depuis lors que par l'article 61 du statut du Tribunal spécial Liban qui a en effet rendu ses décisions *in absentia*[6]. Bien que le statut du Tribunal pénal international pour le Rwanda prévoie expressément le droit de toute personne accusée « à être présente au procès et à se défendre elle-même ou à avoir l'assistance d'un défenseur de son choix », ce qui exclut en principe le jugement par contumace, cette juridiction a considéré que si un accusé, dument averti de la date et du lieu de son procès et des charges pesant contre lui, ne se présente délibérément pas, l'instance peut se dérouler en son absence[7]. Dans le même esprit, alors que l'article 63, paragraphe 1, du statut de la CPI dispose : « L'accusé est présent à son procès », l'article 61, paragraphe 2, envisage la possibilité que la chambre préliminaire tienne une audience « en l'absence de l'intéressé pour confirmer les charges sur lesquelles le procureur entend se fonder pour requérir le renvoi en jugement lorsque la personne : a) a renoncé à son droit d'être présente ; ou b) a pris la fuite ou est introuvable, et que tout ce qui était raisonnablement possible a été fait pour garantir sa comparution devant la cour et l'informer des charges qui pèsent contre elle et de la tenue prochaine d'une audience pour confirmer ces charges » tout en prenant de grandes précautions pour que l'accusé bénéficie des droits de la défense. Le procureur a, pour la première fois, en novembre 2022, demandé à la chambre préliminaire de faire application de cette disposition dans l'affaire *Kony*[8].

Cette évolution est souhaitable. Les crimes commis en Ukraine sont d'une nature et d'une gravité telles que, quelle que soit la juridiction qui en est ou en sera saisie, il est essentiel, pour les victimes et pour l'histoire, de pouvoir disposer d'un « récit judicaire » au terme d'audiences contradictoires. L'utilisation de possibilités comme celle ouverte par l'article 61 du statut de la CPI et l'inclusion d'une disposition comparable dans celui de toute juridiction qui viendrait à être créée sont d'une très grande importance à cette fin.

Un autre obstacle au jugement de Vladimir Poutine pour les crimes dont il est accusé tient aux immunités pénales dont bénéficient les chefs d'État (ce qui veut dire qu'ils ne peuvent être jugés) lorsqu'ils sont en exercice, et même lorsque leurs fonctions ont cessé si les accusations portent sur des actes commis dans l'exercice de celles-ci. Il n'en va autrement que si cela est expressément exclu par le statut de la juridiction de jugement – ce qui est le cas de la CPI (article 27 du Statut). Mais alors que la compétence de cette cour est, évidemment, limitée par son statut, celui-ci n'exclut pas qu'elle puisse juger les personnes ressortissantes d'États non-parties si les crimes dont elles sont accusées sont commis sur le territoire d'un État partie (articles 13 et 15) ou ayant accepté sa compétence à l'égard d'un ou de plusieurs crimes particuliers (article 12), à l'exception cependant des auteurs de crimes d'agression (article 15$^{bis}$, paragraphe 5), celui pour lequel la responsabilité de Vladimir Poutine est sans doute le mieux établie[9].

En tout état de cause, la Russie n'a pas ratifié le Statut de Rome et même si elle venait à le faire après la chute du dictateur, la compétence de la cour ne s'étendrait qu'aux crimes commis après l'entrée en vigueur du statut à son égard, sauf acceptation expresse de sa part (article 11, paragraphe 2). De son côté, l'Ukraine n'est pas non plus partie au Statut ; toutefois elle a fait deux déclarations en vertu de l'article 12, paragraphe 2 : la première donne compétence à la CPI pour juger les crimes (non spécifiés) commis sur son territoire entre le 21 novembre 2013 et le 22 février 2014, et est donc en rapport avec l'annexion illicite de la Crimée ; la seconde, faite le 8 septembre 2015, étend la compétence de la cour au-delà du 20 février 2014 pour ce qui est des crimes contre l'humanité et des crimes de guerre, sans mentionner ni le génocide, ni l'agression.

Au demeurant, la CPI n'est pas la seule juridiction à laquelle on peut penser qui serait susceptible de juger Vladimir Poutine. Les juristes rivalisent d'imagination pour déterminer un for compétent.

Ce pourrait être d'abord un ou des tribunaux nationaux. Indépendamment des juridictions russes – si un changement radical était acquis au Kremlin –, ce pourrait être d'abord les tribunaux ukrainiens dont la compétence serait indiscutable, en tout cas si le, alors ancien, président de la Fédération de Russie était extradé vers le pays victime de ses actes – hypothèse, il faut l'avouer, hautement improbable et peut-être guère souhaitable, car elle ne manquerait pas de donner lieu à un procès d'opinion dénonçant une « justice de vainqueurs » – celui-là même adressé, largement à tort, au jugement de Nuremberg. Le risque serait moindre si une cour d'un pays tiers se prononçait sur le fondement de la compétence universelle – principe selon lequel les tribunaux de n'importe quel État peuvent juger les crimes commis à l'étranger indépendamment du lieu de l'infraction et de la nationalité de son auteur ou de la victime. Les crimes dont Vladimir Poutine peut être accusé entrent certainement dans la catégorie de ceux qui relèvent de la compétence universelle. À condition de prendre quelques précautions, sa mise en œuvre garantirait l'absence si indispensable d'impunité sans prêter le flanc à la critique.

Bien que la piste de l'exercice de la compétence universelle ne doive certainement pas être écartée d'un revers de mains, son exercice ne se heurte pas moins à de grandes difficultés pratiques, voire théoriques.

L'État de jugement devrait accepter le principe du jugement par contumace (ce qui exclut ceux relevant du *common law*) et, même dans ce cas, il serait convenable que l'accusé ait été dûment notifié du mandat d'arrêt lancé contre lui et des charges qui lui sont signifiées[10].

Des objections tenant aux immunités des chefs d'État pourraient surgir. Mais, malgré la résistance fort discutable de certaines juridictions, y compris la Cour internationale de justice (CIJ) ou la Cour de cassation française, le principe traditionnel de l'immunité absolue doit céder lorsqu'un dirigeant est mis au ban de la société internationale, et il a été écarté aussi bien par l'Accord de Londres créant le Tribunal militaire international de Nuremberg (TMI) que par les statuts de la CPI et des autres juridictions pénales internationales ; et l'article 7 du projet de Code des crimes contre la paix et la sécurité de l'humanité, adopté en 1996 par la Commission du droit international (CDI), organe des Nations unies chargé de la codification et du développement progressif du droit international, dispose, sans distinguer entre juridictions nationales et internationales :

> « *La qualité officielle de l'auteur d'un crime contre la paix et la sécurité de l'humanité, même s'il a agi en qualité de chef d'État ou de gouvernement, ne l'exonère pas de sa responsabilité pénale et n'est pas un motif de diminution de la peine.* »

Cette règle n'est cependant pas stabilisée en tant que norme coutumière. Ainsi, la CIJ dans un arrêt de 2002 très critiqué – et fort critiquable –, rendu dans l'affaire du *Mandat d'arrêt* a pris position en sens contraire[11]. Et la CDI elle-même, dans son projet d'articles – non définitif – sur l'immunité de juridiction pénale étrangère des représentants de l'État, semble revenir à l'immunité absolue[12].

Ce ne serait toutefois pas la première fois qu'un chef d'État serait appelé à répondre de ses actes devant une juridiction internationale : l'amiral Dönitz, éphémère successeur d'Hitler, l'a été devant le Tribunal de Nuremberg, qui l'a condamné (notamment pour « crime contre la paix ») ; Jean Kambanda, Premier ministre du Rwanda, l'a été devant le Tribunal pénal international pour le Rwanda (TPIR), Slobodan Milošević, devant le Tribunal pénal international pour l'ex-Yougoslavie (TPIY), Charles Taylor, président du Libéria, devant le Tribunal spécial pour la Sierra Leone (TSSL) ou Omar Al Bashir, président du Soudan, devant la CPI.

Enfin, par définition, la compétence « universelle » appartient à tous les États membres de la communauté internationale ; si plusieurs entendaient l'exercer, rien n'exclut que les juges apprécient différemment les charges pesant sur Vladimir Poutine, ce qui pourrait créer un imbroglio inextricable.

À vrai dire, tout plaide pour un procès devant une juridiction internationale donnant toute garantie d'impartialité. C'est le cas de la CPI. Toutefois, elle ne pourrait se prononcer sur le crime d'agression que si son statut était profondément amendé – processus inévitablement lent et incertain car, pour aboutir, il suppose d'avoir été adopté par consensus ou à la majorité des deux tiers par l'Assemblée des États parties et ratifié par les sept-huitièmes d'entre eux. C'est la raison pour laquelle diverses propositions alternatives ont été faites, qui toutes se heurtent néanmoins à d'autres obstacles.

Relayant une suggestion du ministre ukrainien des Affaires étrangères, une proposition a été faite, quelques jours après le déclenchement des hostilités, par Gordon Brown, ancien Premier Ministre britannique, et Philippe Sands, juriste et écrivain anglais, en faveur de la création d'un tribunal spécial pour la répression du crime d'agression[13]. Cette proposition a été assez largement soutenue, notamment par l'Union européenne (UE).

Ainsi, le 30 novembre 2022, la Commission européenne a suggéré que soit institué soit un tribunal international spécial, indépendant, fondé sur un traité multilatéral, soit une juridiction hybride, c'est-à-dire un tribunal spécialisé, intégré dans un système judiciaire national, mais comportant des juges internationaux[14]. Dans cette perspective, le Parlement européen a adopté, le 19 janvier 2023, une résolution dans laquelle il « souligne qu'il est urgent que l'Union et ses États membres, en étroite coopération avec l'Ukraine et la communauté internationale, de préférence par l'intermédiaire des Nations unies, fassent pression en faveur de la création d'un tribunal international spécial[15] ». Cette solution jouit d'un soutien croissant[16], y compris de la part de l'Ukraine elle-même par la voix de son président[17].

Ici encore, les obstacles ne doivent pas être sous-estimés. Notamment en ce qui concerne les modalités de création d'un tribunal *ad hoc*, quels que soient les contours exacts de sa compétence. C'est probablement sa création par le Conseil de sécurité des Nations unies qui appellerait le moins d'objection sur le plan juridique – les précédents des tribunaux pour l'ex-Yougoslavie et le Rwanda existent et ne sont plus guère contestés dans leur principe, et la capacité du Conseil de sécurité de prendre des décisions obligatoires liées au maintien de la paix et de la sécurité internationales est avérée. Mais, à l'évidence, l'obstacle du veto russe est insurmontable, sauf à se placer dans la situation d'un « après-Poutine » radicalement « anti-Poutine » fort improbable.

La question ne se pose pas si le tribunal est créé par l'Assemblée générale des Nations unies ; certes, elle n'a, en principe, pas de pouvoir de décision, mais ce principe n'est pas absolu, comme l'a rappelé la CIJ à au moins deux reprises, y compris en ce qui concerne l'établissement d'une juridiction (en l'espèce, le Tribunal administratif des Nations unies) : « un corps indépendant et véritablement judiciaire, prononçant des jugements définitifs et sans appel dans le cadre limité de ses fonctions[18] » et l'Assemblée, qui constitue le reflet le moins imparfait de la « communauté internationale des États dans son ensemble », pourrait se fonder sur une célèbre résolution de 1950, dite « Union pour le maintien de la paix » (aussi appelée « Dean Acheson », du nom de son promoteur), par laquelle elle avait décidé que « dans tout cas où paraît exister une menace contre la paix, une rupture de la paix ou un acte d'agression et où, du fait que l'unanimité n'a pas pu se réaliser parmi ses membres permanents, le Conseil de sécurité manque à s'acquitter de sa responsabilité principale dans le maintien de la paix et de la sécurité internationales, l'Assemblée générale examinera immédiatement la question afin de faire aux membres les recommandations appropriées sur les mesures collectives à prendre…[19] ». Outre qu'il est loin d'être certain que la majorité des deux-tiers requise puisse être atteinte, l'inconvénient d'un tel processus tient à ce que, quand bien même elle peut créer un tribunal *ad hoc*, l'Assemblée ne peut obliger les membres des Nations unies à coopérer avec lui – il est vrai que c'est le cas de tous les modes de création, à l'exception d'une résolution du Conseil de sécurité prise dans le cadre du chapitre VII de la Charte.

Une autre possibilité consisterait à créer le tribunal envisagé par ou à la suite d'un accord – dont la conclusion pourrait être demandée par l'Assemblée générale ou le Conseil de sécurité – entre le Secrétaire général et l'Ukraine ou la Russie pour juger Vladimir Poutine ou l'ensemble des « grands criminels » russes, soit exclusivement pour l'agression, soit pour l'ensemble des quatre grands crimes internationaux commis en Ukraine en suivant une procédure comparable à celle retenue pour la création du TSSL et d'autres juridictions « mixtes » internes, mais comportant une dose d'internationalisation[20].

La création d'un tribunal spécial par un traité international classique pose d'autres problèmes : entre quels États ? Au nom de quelle légitimité ? Si la Russie et l'Ukraine y sont parties, la question est résolue, mais là aussi le degré de probabilité est proche de zéro. Sinon, pourquoi tel ou tel pays et pas tel autre ? L'UE ou le Conseil de l'Europe et leurs États membres pourraient faire valoir qu'il s'agit essentiellement d'une guerre « européenne » – ce que le haut représentant de l'Union européenne pour les affaires étrangères et la politique de sécurité a d'ailleurs récusé à juste titre[21] ; mais les crimes dont il s'agit concernent la communauté internationale tout entière, et il n'existe guère de raison très convaincante pour que leur répression soit « confisquée » par les États européens ou leurs organisations (et tout spécialement par l'UE dont l'Ukraine n'est pas membre). En outre, les traités ne s'imposent qu'à ceux qui les ont conclus – selon l'adage : « ils ne profitent ni ne nuisent aux tiers ».

Nous ne prenons pas partie quant au forum le plus approprié pour juger Vladimir Poutine. Nous n'avons souligné ces difficultés que pour montrer à quel point les problèmes juridiques suscités par sa mise en jugement sont complexes, comme sa comparution est incertaine. Nous n'en restons pas moins convaincus qu'il serait insupportable qu'aucune juridiction ne se prononce sur sa responsabilité pénale qui, comme nous le montrons dans les pages qui suivent, ne fait aucun doute. Quelle que soit la juridiction saisie, il est indispensable que justice soit faite. L'important est qu'elle soit rendue en parfaites impartialité et sérénité, en garantissant les droits de l'accusé tout en accordant la plus grande considération aux souffrances des victimes.

### *Quelle responsabilité… ?*

Il va de soi que Vladimir Poutine n'est pas isolé dans son entreprise criminelle (terme auquel nous ne conférons aucune connotation technique[22]). Nombre de responsables politiques ou de hauts responsables civils ou militaires, et, sans doute, des oligarques et autres détenteurs de pouvoirs économiques doivent aussi répondre des mêmes crimes que le président de la Fédération de Russie, soit parce qu'ils ont participé à la conception et à la mise en œuvre de l'agression et des crimes subséquents dont ils se sont, au moins, rendus complices, soit parce qu'ils y ont participé directement sur le terrain.

S'agissant en particulier du crime d'agression, nous partageons pleinement les observations du Tribunal de Nuremberg qui réfutait l'objection selon laquelle la notion de « plan concerté » en vue de commettre une agression s'accorde mal avec la dictature :

*« Ce plan, un seul l'a peut-être conçu. D'autres en sont devenus responsables en prenant part à son exécution, et leur soumission aux ordres du promoteur ne les libère pas de cette responsabilité. Hitler ne pouvait, à lui seul, mener une guerre d'agression. Il lui fallait la collaboration d'hommes d'État, de chefs militaires, de diplomates, de financiers. Quand ceux-ci, en pleine connaissance de cause, lui ont offert leur assistance, ils sont devenus parties au complot qu'il avait ourdi. S'ils furent, entre ses mains, des instruments, la conscience qu'ils en eurent empêche de les reconnaître comme innocents. Ils sont responsables de leurs actes, bien que nommés et commandés par un dictateur. En Droit international, aussi bien qu'en Droit interne, les rapports de chef à subordonné n'entraînent pas exemption de la peine[23]. »*

L'article 33 du Statut de la CPI le confirme. L'incrimination pourrait même viser des complices étrangers, comme le président biélorusse, Alexandre Loukachenko, s'il est prouvé qu'il a participé à la planification de l'agression contre l'Ukraine et pris une part active à la poursuite des opérations.

Il nous a cependant paru suffisant de nous en tenir à examiner la culpabilité de Vladimir Poutine – à chef suprême, crime suprême ! Si les conditions de sa condamnation sont remplies, elles le sont aussi très probablement pour ses comparses.

Il n'est du reste pas inhabituel en matière de justice pénale internationale de distinguer entre les « grands criminels » et les auteurs de moindre importance ou les simples exécutants. Tel était le cas de l'Accord de Londres établissant le Tribunal de Nuremberg dont la compétence était limitée au « jugement et [au] châtiment des « grands criminels de guerre des pays européens de l'Axe » ; il en est allé de même du Tribunal de Tokyo. Pour leur part, les procureurs du TPIY ou de la CPI ont fait part de leur intention de concentrer les « enquêtes et des poursuites sur les personnes qui portent la responsabilité la plus lourde dans les crimes[24] », expression reprise dans le statut du TSSL[25].

Quant à la responsabilité de Vladimir Poutine lui-même, si elle ne fait aucun doute, très directement, dans l'agression contre l'Ukraine, elle pourrait sembler plus indirecte en ce qui concerne les crimes de guerre ou contre l'humanité. Doit-il être accusé en tant qu'auteur de ces crimes ou seulement du fait de ses instructions ou pour en avoir fourni les moyens dans l'esprit de l'article 25 (paragraphes 3.b et c) du Statut de la CPI ou du fait de l'absence de contrôle qu'il aurait exercé sur les forces placées sous son commandement (article 28) ? Comme nous le montrons dans le chapitre III, les trois derniers modes de responsabilité restent toutefois très en deçà du rôle que joue depuis un an le président de la Fédération de Russie[26].

### *... pour quels crimes ?*

L'article 5 du Statut de Rome limite la compétence de la CPI à quatre infractions : « a) Le crime de génocide ; b) Les crimes contre l'humanité ; c) Les crimes de guerre ; d) Le crime d'agression », qu'il définit comme les « crimes les plus graves qui touchent l'ensemble de la communauté internationale ». Ils ont en commun un statut très spécial en droit international général – notamment : ils sont imprescriptibles ; l'immunité pénale, dont leurs auteurs peuvent jouir par ailleurs, ne leur est pas applicable ; et l'on peut légitimement soutenir qu'ils relèvent de la « compétence universelle » des États.

Non sans hésitation, nous avons, à ce stade, limité les développements qui suivent à trois de ces quatre crimes et en avons omis le génocide que la Russie est souvent accusée de commettre en Ukraine et qui, comme l'agression, constitue à la fois un crime de l'État – cela relève de la CIJ – et une infraction individuelle, répressible pénalement.

Nous ne doutons pas qu'il existe des éléments sérieux pouvant être invoqués à l'appui de cette incrimination, dont certains sont communs avec ceux justifiant un constat de culpabilité pour crime contre l'humanité – qu'il s'agisse, par exemple, de l'intention proclamée par Vladimir Poutine de « dénazifier » l'Ukraine en éliminant ses élites –, il s'agit de « purger les villes et villages des néonazis[27] » –, ou de la déportation en Russie d'enfants ukrainiens afin de les « russifier[28] ». Le président ukrainien Volodymyr Zelensky ou Joe Biden ont estimé que la Russie pratiquait un génocide en Ukraine[29] – si tel est le cas, il ne saurait faire de doute que Vladimir Poutine devrait en être tenu pour responsable. Emmanuel Macron a fait part de ses réserves sur cette qualification[30].

Aux termes de l'article 6 du Statut de la CPI, qui reprend la définition de la Convention de 1948 sur la prévention et la répression du crime de génocide,

*« … on entend par crime de génocide l'un quelconque des actes ci-après commis dans l'intention de détruire, en tout ou en partie, un groupe national, ethnique, racial ou religieux, comme tel :*

*a) Meurtre de membres du groupe ;*

*b) Atteinte grave à l'intégrité physique ou mentale de membres du groupe ;*

*c) Soumission intentionnelle du groupe à des conditions d'existence devant entraîner sa destruction physique totale ou partielle ;*

*d) Mesures visant à entraver les naissances au sein du groupe ;*

*e) Transfert forcé d'enfants du groupe à un autre groupe ».*

Si l'éventualité d'un génocide ne peut être écartée, il nous semble cependant aventureux d'être plus affirmatif dans l'état actuel des preuves disponibles. Alors même que la commission de plusieurs de ces actes est indéniable, il nous paraît impossible, à l'heure actuelle, d'établir avec un degré de certitude raisonnable que ces actes ont été et sont « commis dans l'intention de détruire, en tout ou en partie, un groupe national, ethnique, racial ou religieux, comme tel » – condition *sine qua non* d'une condamnation pour génocide ou actes génocidaires.

## *Le problème de la preuve*[31]

Les actions criminelles de la Russie en Ukraine ne font guère de doute. Les images, souvent insoutenables, des charniers ou des bombardements diffusées par les médias et les témoignages des victimes ou des acteurs en témoignent à suffisance. Quant à la responsabilité du président Poutine dans ces actes, elle transparaît, sans guère laisser place au doute, à travers ses nombreux discours. Il reste que si tout cela crée des impressions, les accusations pénales ne peuvent être formulées ni les accusés condamnés sur la base d'impressions.

Il s'impose en effet, et nous y reviendrons lors des examens successifs des crimes précis qu'il paraît possible de lui imputer, de réunir des éléments de preuve constituant pour l'accusation des charges d'un niveau suffisamment élevé pour que les juges qui auront à connaître de l'ensemble de ces faits puissent, car c'est le critère exigé, être convaincus « au-delà de tout doute raisonnable » – principe plus exigeant et plus objectif que celui de l'intime conviction, qui conforte celui de la présomption d'innocence reconnu par les statuts de toutes les juridictions pénales internationales[32].

En vue de procès futurs, il est donc indispensable de réunir des preuves irréfutables non seulement des exactions et des violations du droit international commises en Ukraine, mais aussi de leur attribution à des individus déterminés. Il en va ainsi pour tout accusé ; Vladimir Poutine ne fait pas exception : la réprobation qu'inspirent ses actes et ses discours ne peut tenir lieu de preuve de sa culpabilité. Cette exigence est à l'origine de très nombreuses initiatives visant à réunir les preuves incontestables des crimes commis en Ukraine et à en établir les auteurs.

Cette recherche a commencé très rapidement après l'invasion perpétrée le 24 février 2022 – avant, même, puisque la Mission de surveillance des droits de l'homme en Ukraine a été créée au sein du Haut-Commissariat aux Droits de l'homme dès 2014 à la suite de l'annexion illicite de la Crimée. Dès le 4 mars 2022, à l'issue de sa 4e session extraordinaire, le Conseil des droits de l'homme, soulignant « qu'il importe de veiller à ce que les auteurs de violations des droits de l'homme et d'atteintes à ces droits ainsi que de violations du droit international humanitaire aient à répondre de leurs actes, et qu'il est urgent d'ouvrir une enquête rapide, indépendante et impartiale sur toutes les violations et atteintes présumées afin de mettre fin à l'impunité et de s'assurer que les responsabilités soient établies », a créé une commission d'enquête internationale indépendante chargée de « recueillir, rassembler et analyser les éléments de preuve attestant de telles violations » en vue de futurs procès, et d'identifier les responsables « afin qu'ils aient à répondre de leurs actes[33] ». De nombreuses autres organisations internationales ont créé des commissions d'enquête à des fins similaires dont les rapports, émanant d'organes indépendants, peuvent présenter une grande valeur probante[34].

Les grandes organisations internationales non gouvernementales, comme Amnesty International ou Human Rights Watch, ont fait de même ; leurs rapports sont des sources crédibles lorsqu'ils portent directement sur les faits pertinents et s'appuient sur des données de première main[35]. Quant aux informations parues dans la presse, il convient de « les accueillir avec beaucoup de prudence » ; toutefois, bien qu'on ne puisse les assimiler « en tant que telles (…) à des fins judiciaires, à des preuves, il reste que la notoriété publique d'un fait peut être établie par de tels éléments et que [l'on peut] en tenir compte dans une certaine mesure » comme l'a rappelé la CIJ à plusieurs reprises[36]. En outre, les déclarations des représentants de l'État, qu'elles aient « été faites devant des organes officiels de l'État ou d'une organisation régionale ou internationale et figurent dans les comptes rendus officiels de ces institutions [ou] prononcées lors de conférences de presse ou d'interviews [et] rapportées par la presse écrite locale ou internationale (…) possèdent une valeur probante particulière lorsqu'elles reconnaissent des faits ou des comportements défavorables à l'État que représente celui qui les a formulées. Elles s'analysent alors en une sorte d'aveu[37] ». S'agissant de la responsabilité personnelle de Vladimir Poutine pour les crimes commis en Ukraine, ces déclarations présentent une importance toute particulière : faites par le plus haut représentant de la Fédération de Russie, elles engagent à la fois celle-ci et leur auteur.

De son côté, depuis le début de l'invasion russe, le bureau du procureur national ukrainien a ouvert des enquêtes pour crimes de guerre, dont le chiffre s'élèverait à plus de 24 600 début mars 2023[38], et a commencé à procéder à plusieurs procès de ce chef.

La CPI a également ouvert, le 2 mars 2022, une enquête sur la situation en Ukraine, pour « crimes de guerre, crimes contre l'humanité et génocide commis par quiconque sur quelque partie du territoire ukrainien que ce soit[39] ».

L'essentiel de ces preuves, effectives ou à venir, concerne les crimes de guerre et contre l'humanité et, dans une certaine mesure, le génocide, mais, jusqu'à une période récente, le crime d'agression était à l'écart de ces investigations, en partie probablement parce que la CPI ne peut en connaître (et, par voie de conséquence, son procureur ne peut diligenter d'enquêtes à son propos), mais aussi peut-être parce que sa commission paraît relever de l'évidence. Pour fondé qu'il soit, ce sentiment ne suffit pourtant pas à établir la responsabilité de Vladimir Poutine ni, en tout cas, celle de ses comparses. En matière pénale plus qu'en toute autre, il faut se garder des évidences. C'est pourquoi on ne peut que se féliciter de l'initiative conjointe de l'UE et de l'Ukraine de créer « un centre international pour la poursuite du crime d'agression en Ukraine (ICPA) à La Haye » chargé « de coordonner l'enquête sur le crime d'agression contre l'Ukraine, de préserver et de stocker les preuves pour de futurs procès[40] ». Ce centre, établi au sein d'EUROJUST, verra le jour en juillet 2023 et devrait être, selon l'UE, la première étape en vue de la création d'un tribunal spécial[41].

En dépit des efforts déployés dans de multiples cadres pour étayer les charges afférentes aux crimes commis en Ukraine, nous sommes conscients que nous ne disposons pour l'instant que d'une petite partie des preuves susceptibles de les établir, y compris de celles incriminant Vladimir Poutine. Nous n'en sommes pas moins convaincus que, malgré leur incomplétude, la responsabilité pénale personnelle du président de la Fédération de Russie est établie pour ce qui est des crimes d'agression, contre l'humanité et de guerre.

En revanche, pour les raisons évoquées plus haut, nous estimons ne pas disposer, à ce stade, de preuves suffisantes de la commission d'un génocide, sans nullement l'exclure. Nous nous abstiendrons donc d'y revenir.

## *Notes*

1. « Russia taken 180 000 dead or wounded in Ukraine : Norwegian army », *AFP*, 22 janvier 2023, citant le chef de la Défense norvégienne, Eirik Kristoffersen.

2. Discours du 24 février 2022 – italiques ajoutées ; Address by the President of the Russian Federation, site internet du Kremlin, 24 février 2022 (annexe n° 13).

3. Résolution ES-11/6, Principes de la Charte des Nations unies sous-tendant une paix globale, juste et durable en Ukraine, par. 9 (annexe n° 11).

4. Comme nous l'expliquons plus précisément ci-dessous, la CPI ne peut juger par contumace et n'a pas compétence en l'espèce pour se prononcer sur le crime d'agression.

5. V. les articles 12 et 12.c) respectivement des Statuts des Tribunaux de Nuremberg et Tokyo. Toutefois, seul Martin Bormann, secrétaire en fuite de Hitler, a été jugé à Nuremberg en son absence ; à Tokyo, trois des accusés n'ont pas assisté au procès pour cause de maladie ; ils n'en n'ont pas moins été condamnés (v. Tribunal militaire international pour l'Extrême-Orient, jugement du 12 novembre 1948 *in* John Pritchard et Sonia M. Zaide (eds.), *The Tokyo War Crimes Trial*, Garland Publ., New York, 1981, p. 48414 et p. 49858).

6. V. TSL, STL-11-01/TC, chambre de 1re instance, *Le Procureur c. Ayyash et autres*, décision d'ouvrir une procédure par défaut, 1er février 2012 ; TSL, STL-11-01/TC, chambre de 1re instance, *Le Procureur c. Ayyash*, jugement 11 décembre 2020.

7. TPIR, ICTR-99-52-A, chambre d'appel, *Nahimana et csorts*, arrêt 28 novembre 2007, pars. 105 et s.

8. CPI, chambre préliminaire II, ICC-02/04-01/05, *Le Procureur c. Joseph Kony et Vincent Otti*, 24 novembre 2022, Public Redacted Version of the « Prosecution's Request to Hold a Hearing on the Confirmation of Charges against Joseph Kony in his Absence ». V. aussi les possibilités ouvertes par les « procès en stigmatisation » à l'occasion du contrôle par le TPIY de l'exécution des mandats d'arrêt par les États organisés en l'absence des accusés, mais comportant l'audition de témoins et des victimes (article 61 du Règlement de preuves et de procédure des TPI) ; v. TPIY, IT-95-5-R61, *Karadzic*, et IT-95-18-R61, 11 juillet 1996, mandats d'arrêt internationaux portant ordres de déferement.

9. V. *infra*, chapitre II sur le crime d'agression.

10. V. TPIR, *Nahimana et csorts*, arrêt préc. note 7.

11. CIJ, arrêt, 14 février 2002, *Affaire relative au mandat d'arrêt du 11 avril 2000 (République démocratique du Congo c. Belgique)*, *Rec.* 2002, p. 24, par. 58.

12. CDI, « Projet d'articles sur l'immunité de juridiction pénale étrangère des représentants de l'État », première lecture, 2022, A/CN.4/L.969, art. 4.

13. V. Gordon Brown et Philippe Sands, « Créons un tribunal pénal spécial pour juger le crime d'agression commis contre l'Ukraine », *Le Monde*, 4 mars 2022.

14. V. le communiqué de presse de la Commission du 30 novembre 2022.

15. V. la résolution du Parlement européen sur la création d'un tribunal pour le crime d'agression contre l'Ukraine du 19 janvier 2023.

16. V. Irina Paliashvili, « Calls Mount for Russia to Face Tribunal for Aggression against Ukraine », *Atlantic Council*, 28 février 2023.

17. Déclaration du 3 mars 2023, « The world needs a real embodiment of the rule of law to protect humanity from the source of all aggressions », site internet de la présidence ukrainienne (https://www.president.gov.ua/en) ; v. aussi sur le même site internet, Discours du 14 juillet 2022, « All russian criminals must face a mandatory and principled punishment », et déclaration du 29 novembre 2022, « For Russia to be held to account for aggression, a Special Tribunal is needed, and we are doing everything to create it ».

18. Avis consultatif, 13 juillet 1954, « Effet de jugements du tribunal administratif des NU accordant indemnité », *CIJ Recueil* 1954, p. 53. V. aussi l'avis consultatif du 21 juin 1971, « Conséquences juridiques pour les États de la présence continue de l'Afrique du Sud

en Namibie (Sud-Ouest africain) nonobstant la résolution 276 (1970) du Conseil de sécurité, Rec. » 1971, p. 50, par. 105.

19. Résolution 377 (V) du 3 novembre 1950.

20. Pour le TSSL, v. l'accord entre l'Organisation des Nations unies et le gouvernement sierra-léonais et le statut du TSSL, 16 janvier 2002. V. aussi l'accord du 1er janvier 2004 entre la Bosnie-Herzégovine et le haut représentant des Nations unies dans ce pays, relatif à la chambre spéciale pour les crimes de guerre conclu à la suite des résolutions 1503 (2003) et 1534 (2004) du Conseil de sécurité ; l'accord du 6 juin 2003 sur les chambres extraordinaires au sein des tribunaux du Cambodge pour la poursuite des crimes commis durant la période du Kampuchéa démocratique, dont le projet a été approuvé par la résolution 57/228 de l'Assemblée générale en date du 13 mai 2003 ; l'accord du 6 février 2007 entre l'ONU et le Liban créant le Tribunal spécial des Nations unies pour le Liban (TSL) conclu à l'initiative du Conseil de sécurité (résolutions 1644 (2005) et 1664 (2006) et mis en vigueur unilatéralement par la résolution 1757 (2007).

21. V. « Aux côtés de l'Ukraine à l'occasion de son Jour de l'indépendance – et tous les jours qui suivront », sur le site du Service diplomatique de l'Union européenne, 24 août 2022.

22. La chambre d'appel du TPIY a défini l'expression « entreprise criminelle commune » dans son arrêt *Tadić* du 15 juillet 1999 (IT-94-1, pars.185 et s.).

23. Jugement, procès des grands criminels de guerre devant le Tribunal militaire international, Nuremberg, 14 novembre 1945-1er octobre 1946, édité à Nuremberg, Allemagne, 1947, Association des anciens amateurs de récits de guerre et d'holocauste (AAARGH), pp. 237-238 (annexe n° 2).

24. CPI, plans stratégiques du bureau du procureur pour les périodes juin 2012-2015 (p. 15) ou 2019-2021 (p. 21) ; et TPIY, Stratégie d'achèvement des travaux, 2003.

25. Statut du TSSL, 16 janvier 2002 : art. 1, § 1 ; v. aussi l'article 2 de la loi relative à « la création de chambres extraordinaires au sein des tribunaux du Cambodge pour la poursuite des crimes commis durant la période du Kampuchéa démocratique du 27 octobre 2004, prévoyant la traduction en justice des hauts dirigeants du Kampuchéa démocratique et les principaux responsables des crimes et graves violations du droit pénal cambodgien, des règles et coutumes du droit international humanitaire, ainsi que des conventions internationales reconnues par le Cambodge… ».

26. V. *infra*, « C. Vladimir Poutine responsable des crimes de guerre et des crimes contre l'humanité », à la fin du chapitre III sur les crimes de guerre et contre l'humanité.

27. Déclaration de Vladimir Poutine, site internet du Kremlin, 21 septembre 2022.

28. V. not. le rapport de la Fondation Raoul Wallenberg, Centre for Human Rights, « Une analyse juridique indépendante des violations de la Convention sur le génocide par la Fédération de Russie en Ukraine et de l'obligation de prévenir », de mai 2022.

29. V. « Remarks by President Biden Before Air Force One Departure », site internet de la Maison Blanche, 12 avril 2022.

30. « Macron, qui refuse d'évoquer un "génocide" en Ukraine, a parlé à Zelensky », dépêche de l'agence Reuters, 14 avril 2022.

31. Les questions particulières liées à la preuve des crimes de guerre et contre l'humanité sont traitées dans le chapitre III de cet ouvrage. Les auteurs remercient le professeur William Schabas pour les éclairages qu'il leur a fournis à propos des sources d'éléments de preuve de la responsabilité pénale de Vladimir Poutine.

32. V. les articles 21, par. 3, du Statut du TPIY, 30, par. 3 de celui de TPIR, 17, par. 3, de celui du TSSL ou 66 du Statut de Rome.

33. Résolution 49/1, Situation des droits de l'homme en Ukraine à la suite de l'agression russe, 4 mars 2022.

34. V. par exemple : CIJ, arrêt du 19 décembre 2005 dans l'affaire des *Activités armées sur le territoire du Congo (République démocratique du Congo c. Ouganda)*, *Rec.* 2005, p. 249, par. 237.

35. V. à ce sujet les remarques de la CIJ sur le poids de différents rapports de Human Rights Watch dans son arrêt préc. note 34 du 19 décembre 2005 dans l'affaire des *Activités armées sur le territoire du Congo (République démocratique du Congo c. Ouganda)*, *Rec.* 2005, not. p. 225, par. 159 ou p. 241, par. 209.

36. V. CIJ, arrêt, 27 juin 1986, *Activités militaires et paramilitaires au Nicaragua et contre celui-ci (Nicaragua c. États-Unis d'Amérique), fond*, *Rec.* 1986, p. 49, pars. 62 et 63 ; v. aussi : *Personnel diplomatique et consulaire des États-Unis à Téhéran*, *Rec.* 1980, pp. 9-10, par. 12).

37. CIJ, arrêt préc. du 27 juin 1986, p. 41, par. 64. V. aussi l'arrêt du 19 décembre 2005, préc. note 34, p. 201, par. 61, et p. 206, par. 78.

38. V. Voice of America citant le chef du service de sécurité de l'Ukraine : « Ukraine is building over 24,600 war crime cases against Russia, according to Vasyl Maliuk, head of Ukraine's Security Service »

(3 mars 2023) ; v. aussi le site (en ukrainien) du procureur national ukrainien (https://warcrimes.gov.ua/en/all-crimes.html).

39. V. la déclaration du procureur de la CPI, Karim A.A. Khan QC, sur la situation en Ukraine : réception de renvois de la part de 39 États parties et ouverture d'une enquête, 2 mars 2022.

40. Conseil européen, communiqué conjoint à l'issue du 24e sommet UE-Ukraine, 64/23, 3 février 2023.

41. V. My Europe – EUROPE NEWS, « Un centre pour enquêter sur le crime d'agression commis par la Russie en Ukraine », 20 février 2023, ou le communiqué de presse d'Eurojust : « Eurojust One Year After Start of War in Ukraine ». Conseil européen, communiqué conjoint à l'issue du 24e sommet UE-Ukraine, 64/23, 3 février 2023.

# II

## Le crime d'agression

Le Tribunal de Nuremberg l'a relevé à juste titre : « La guerre est un mal dont les conséquences ne se limitent pas aux seuls États belligérants, mais affectent le monde tout entier. Déclencher une guerre d'agression n'est donc pas seulement un crime d'ordre international ; c'est le crime international suprême, ne différant des autres crimes de guerre que du fait qu'il les contient tous[1]. »

Comme nous l'avons expliqué dans le chapitre précédent, aucune juridiction existante n'est compétente pour se prononcer sur la responsabilité de Vladimir Poutine pour la commission d'un crime d'agression. Ainsi, l'article 15[bis], paragraphe 5, du Statut de la CPI dispose : « En ce qui concerne un État qui n'est pas Partie au présent Statut » – et la Russie ne l'est pas –, « la Cour n'exerce pas sa compétence à l'égard du crime d'agression quand celui-ci est commis par des ressortissants de cet État ou sur son territoire. » Dès lors, quand bien même, l'Ukraine et une Russie démocratique ratifieraient ce traité, la CPI ne pourrait juger les responsables du crime d'agression que si son Statut est amendé – et il ne peut l'être en la matière qu'au terme d'une procédure longue et complexe – donc incertaine.

Au demeurant, il ne faut pas confondre condamnation et responsabilité. Ce n'est pas parce que l'assassin, ou le malfaiteur, n'est pas appréhendé ou jugé qu'il n'est pas responsable du crime ou des délits qu'il a commis. De même, l'absence de juridiction compétente pour juger Vladimir Poutine ne saurait valoir absolution et n'exclut nullement que l'on s'interroge – et que l'on se prononce – sur sa responsabilité. C'est ce que nous nous proposons de faire dans cet ouvrage tout en ayant pleinement conscience que, quand bien même nous nous sommes efforcés d'apprécier les faits aussi objectivement que possible, en fonction de règles juridiques qui nous ont paru solidement établies, rien ne saurait remplacer un procès en bonne et due forme devant une juridiction indépendante et respectant pleinement les droits de l'accusé. Nous sommes également conscients que de nombreux éléments de preuve – qui devraient pouvoir jouer à charge ou à décharge – nous manquent. Mais c'est sûrement en ce qui concerne le crime d'agression que ce handicap est moindre – d'autant plus que la jurisprudence internationale pénale n'hésite pas à se fonder sur des « présomptions de fait » qu'elles déduisent de l'ensemble des circonstances de la cause[2].

## *Définition du crime d'agression*

Bien que la possibilité de mettre en accusation le kaiser Guillaume III pour sa responsabilité dans le déclenchement de la « guerre d'agression » imputée à l'Allemagne eût été discutée lors de la Conférence de Paris, le Traité de Versailles de 1919, ne mentionne pas l'agression directement, même si on peut sans doute l'inclure dans l'expression « offense suprême contre la morale internationale » dont l'accuse le fameux article 237 – mais l'empereur ne fut pas jugé[3].

Le crime d'agression ne fit véritablement irruption dans le droit international positif qu'avec le Statut du Tribunal militaire international (TMI) de Nuremberg annexé à l'Accord de Londres du 8 août 1945 dont l'article 6 soumet à la juridiction du Tribunal[4]. Cette fois, l'incrimination, en partie inspirée par des juristes soviétiques et par l'URSS elle-même, fut mise en œuvre[5].

*« a) Les crimes contre la paix, c'est-à-dire la direction, la préparation, le déclenchement ou la poursuite d'une guerre d'agression, ou d'une guerre de violation des traités, assurances ou accords internationaux, ou la participation à un plan concerté ou à un complot pour l'accomplissement de l'un quelconque des actes qui précèdent. »*

Cette fois, l'incrimination fut mise en œuvre. Alors que, dans l'acte d'accusation, les vingt-quatre accusés étaient poursuivis de ce chef, douze furent condamnés pour ce motif sans que le Tribunal définisse la notion de « guerre d'agression ». Il s'est cependant interrogé sur son existence en se fondant sur un examen des événements qui se sont produits avant et pendant la guerre, ce qui l'a conduit à distinguer entre « acte d'agression » (l'*Anschluss* ou l'invasion de la Tchécoslovaquie par exemple) et « guerre d'agression », cette dernière supposant que l'attaque armée déclenchée par l'agresseur rencontre une résistance armée. « En tout cas », comme l'a noté le Secrétaire général des Nations unies dans son mémorandum de 1949 sur l'opportunité de la préparation d'un Code des crimes contre la paix et la sécurité de l'humanité, « la distinction établie entre les opérations agressives (…) et les guerres d'agression (…) a sensiblement limité l'étendue de la notion de "guerre d'agression[6]". » Ni le Tribunal de Nuremberg ni celui de Tokyo ne se sont prononcés sur l'existence d'une « guerre de violation des traités ».

Guerre froide et opposition de l'URSS à toute juridictionnalisation du droit international aidant, une longue période de silence s'en est suivie – tout juste rompue en 1954 par une première tentative infructueuse d'élaboration d'un Code des crimes contre la paix et la sécurité de l'humanité et surtout par l'adoption de la résolution 3314 (XXIX) de l'Assemblée générale des Nations unies du 14 décembre 1974 définissant l'agression, non pas à des fins pénales, mais à la seule fin de guider le Conseil de sécurité lorsqu'il prend des décisions dans le cadre du chapitre VII de la Charte (« Action en cas de menace contre la paix, de rupture de la paix et d'acte d'agression »). Ce n'est qu'avec l'entrée en vigueur, en 2017, de l'amendement de Kampala au Statut de Rome, adopté en 2010[7], qu'une définition « pénale » du crime d'agression est redevenue opérationnelle – non sans limitations.

Les paragraphes 1 et 2 de l'article 8$^{bis}$ inclus dans le Statut de Rome incriminent et définissent ainsi les « actes d'agression » – dont les guerres d'agression sont évidemment le parangon :

*« 1. Aux fins du présent Statut, on entend par "crime d'agression" la planification, la préparation, le lancement ou l'exécution par une personne effectivement en mesure de contrôler ou de diriger l'action politique ou militaire d'un État, d'un acte d'agression qui, par sa nature, sa gravité et son ampleur, constitue une violation manifeste de la Charte des Nations unies.*

*« 2. Aux fins du paragraphe 1, on entend par "acte d'agression" l'emploi par un État de la force armée contre la souveraineté, l'intégrité territoriale ou l'indépendance politique d'un autre État, ou de toute autre manière incompatible avec la Charte des Nations unies. »*

S'ensuit une longue liste – reproduite en annexe n° 5 à cet ouvrage – des actes d'agression reprise de la résolution 3314 (XXIX) de l'Assemblée générale des Nations unies.

La CIJ a reconnu à deux reprises le caractère coutumier de cette définition[8] à l'aune de laquelle la responsabilité de Vladimir Poutine doit être appréciée.

Le crime d'agression ainsi défini comprend donc deux éléments : il suppose d'abord que l'État agresseur utilise amplement la force armée, et ensuite qu'il le fait en violation manifeste de la Charte des Nations unies. En l'espèce, ces deux conditions sont largement remplies.

### *L'emploi de la force armée...*

Que la Russie recoure, et fort largement, à la force armée pour mener son « opération militaire spéciale » en Ukraine ne fait guère de doute et, même en tenant compte des exigences particulières de l'administration de la preuve en matière pénale[9], il ne paraît pas possible de le contester avec la moindre vraisemblance[10].

La tentative d'invasion de l'Ukraine, entamée au petit matin du 24 février 2022, est, à l'évidence, une opération militaire de grande ampleur dont le caractère interétatique est patent. Il s'agit évidemment d'une guerre au sens le plus plein et le plus concret du mot, ce que Vladimir Poutine, qui s'en est longtemps tenu à l'appellation délibérément trompeuse d'« opération militaire spéciale », a du reste fini par admettre le 22 décembre 2022[11] ; dans le jargon des juristes, c'est un « conflit armé international ». Mais, pour que le déclenchement ou la conduite d'une guerre puisse donner lieu à des poursuites criminelles, celle-ci doit consister en une « agression armée » au sens du droit international.

C'est ainsi que l'Assemblée générale des Nations unies l'a qualifiée, dès le 2 mars 2022, par sa résolution ES-11/1, intitulée sans ambiguïté « Agression contre l'Ukraine », par laquelle elle :

> « Déplore dans les termes les plus vifs *l'agression commise par la Fédération de Russie contre l'Ukraine en violation du paragraphe 4 de l'Article 2 de la Charte ;*

« Exige *que la Fédération de Russie cesse immédiatement d'employer la force contre l'Ukraine et s'abstienne de tout nouveau recours illicite à la menace ou à l'emploi de la force contre tout État Membre ;*

« Exige également *que la Fédération de Russie retire immédiatement, complètement et sans condition toutes ses forces militaires du territoire ukrainien à l'intérieur des frontières internationalement reconnues du pays*[12]. »

Cette résolution adoptée par 141 voix contre 5 (Russie, Bélarus, Érythrée, Corée du Nord et Syrie), avec 35 abstentions, reproduite en annexe n° 8, a été suivie de plusieurs autres portant notamment sur les « Conséquences humanitaires de l'agression contre l'Ukraine » (ES-11/2, du 24 mars) ou intitulée « Agression en Ukraine : recours et réparation » (ES-11/5, du 14 novembre 2022) également reproduite en annexe n° 10 ; ses termes sont également repris dans la résolution ES/11/6 du 23 février 2023 sur les « Principes de la Charte des Nations unies sous-tendant une paix globale, juste et durable en Ukraine » (annexe n° 11). Sans doute pourrait-on faire valoir que, en dépit de la terminologie très impérative qu'elle a employée, l'Assemblée générale n'a pas compétence en matière de maintien de la paix et de la sécurité internationales et qu'elle ne peut, en principe, adopter que des recommandations dépourvues de valeur juridique obligatoire.

Toutefois, en application de la célèbre résolution précitée de 1950, « L'union pour le maintien de la paix » – qu'elle a, du reste, invoquée dans le préambule de la résolution ES-11/1 –, en cas de carence du Conseil de sécurité dans l'exercice de sa « responsabilité principale » en matière de maintien de la paix et de la sécurité internationales, l'Assemblée générale peut au moins adopter des recommandations dans ce domaine. Au surplus, comme l'a relevé la CIJ dans un avis consultatif de 1971, « [i]l serait en effet inexact de supposer que, parce qu'elle possède en principe le pouvoir de faire des recommandations, l'Assemblée générale est empêchée d'adopter, dans des cas déterminés relevant de sa compétence, des résolutions ayant le caractère de décisions ou procédant d'une intention d'exécution[13] ». Il lui appartient en particulier de « décrire une situation juridique[14] », ce qu'elle fait de manière particulièrement ferme dans les résolutions adoptées lors de sa 11e session spéciale.

La qualification d'agression a été reprise aussi bien par de très nombreux responsables politiques que par des parlements nationaux ou des organisations internationales. Ainsi, le 26 janvier 2023, l'Assemblée parlementaire du Conseil de l'Europe a réaffirmé que « l'attaque armée et l'invasion de grande ampleur de l'Ukraine lancées par la Fédération de Russie le 24 février 2022 sont une "agression" au sens de la Résolution 3314 (XXIX) de l'Assemblée générale des Nations unies adoptée en 1974 et constituent clairement une violation de la Charte des Nations unies[15] ». De même, dans sa résolution du 19 janvier 2023 sur la création d'un tribunal pour le crime d'agression contre l'Ukraine, le Parlement européen considère « que, depuis février 2014, la Russie mène une guerre d'agression illégale, non provoquée et injustifiée contre l'Ukraine, qu'elle a relancée le 24 février 2022 avec une invasion massive de l'Ukraine ». Dans des termes qui peuvent varier dans le détail, de nombreuses autres organisations se sont prononcées dans le même sens[16]. Les institutions savantes qui se consacrent à la défense du droit international ne sont pas en reste ; ainsi, l'Institut de droit international, qui s'abstient en général de prendre des positions publiques sur les événements internationaux, a dénoncé « fermement l'agression dont est responsable la Fédération de Russie par son intervention militaire massive en Ukraine[17] ».

Dans une ordonnance en indication de mesures conservatoires – une sorte de référé – du 16 mars 2022, la CIJ, relevant « que la population civile touchée par le conflit actuel est extrêmement vulnérable », constatait :

> « *De nombreux civils ont été tués ou blessés dans le cadre de l'"opération militaire spéciale" conduite par la Fédération de Russie, qui a également occasionné d'importants dégâts matériels, notamment la destruction de bâtiments et d'infrastructures. Les attaques, qui sont toujours en cours, rendent les conditions de vie de la population civile de plus en plus difficiles. Nombreux sont ceux qui n'ont pas accès aux produits alimentaires de première nécessité, à l'eau potable, à l'électricité, à des médicaments essentiels ou au chauffage. Un très grand nombre de personnes tentent de fuir les villes les plus durement touchées dans des conditions extrêmement dangereuses*[18]. »

Bien que la CIJ n'eût pas expressément qualifiée l'« opération militaire spéciale » d'agression – ce n'était d'ailleurs pas l'objet de la requête ukrainienne –, ces constatations faites par « l'organe judiciaire principal des Nations unies[19] » signent une telle qualification. Il est d'ailleurs révélateur que, bien que ce ne fût pas nécessaire à son raisonnement, la haute juridiction ait jugé bon de rappeler qu'en vertu de l'article 1er, paragraphe 1, de la Charte le premier but des Nations unies est de « [m] aintenir la paix et la sécurité internationales[20] ».

Les actes de la Russie sur le territoire ukrainien depuis le 24 février 2022 correspondent pratiquement à tous les chefs précis de l'incrimination d'agression figurant au paragraphe 2 de l'article 8bis du Statut de Rome.

L'invasion initiale, conduite simultanément sur plusieurs fronts, par les forces armées russes répond à la définition d'un acte d'agression telle qu'elle est donnée à l'alinéa a) de cette disposition. Elle s'est traduite immédiatement par des attaques et des bombardements massifs sur l'ensemble du territoire ukrainien[21]. Elle s'est déployée aussi bien au Nord-Ouest de l'Ukraine (avec, par exemple, l'occupation à haut risque de la centrale de Tchernobyl à proximité de la frontière avec la Biélorussie – base arrière de l'offensive) qu'à l'Est, depuis les régions séparatistes de Donetsk et de Louhansk, et, au Sud, depuis la Crimée. Ces offensives combinées ont permis la prise de Kherson dès le 3 mars puis de Marioupol à la suite d'un siège qui a duré du 24 février au 20 mai 2022. Bien qu'il semble n'avoir jamais été explicité, tous les analystes de la situation militaire au début de l'offensive russe s'accordent pour considérer que l'objectif majeur était de s'emparer de Kiev. Cela est confirmé de fait par la massivité et la simultanéité des offensives menées tous azimuts contre diverses régions ukrainiennes à partir des frontières de la Russie et de la Biélorussie ainsi que depuis la Crimée[22].

Les troupes russes qui s'étaient approchées de très près de la capitale aux premiers jours de l'attaque (avec, notamment, la prise temporaire de l'aéroport d'Hostomel situé à une quarantaine de kilomètres de Kiev et des bombardements répétés de la capitale elle-même) ont dû y renoncer du fait de la résistance, puis des contre-offensives des forces ukrainiennes, mais cet échec n'a aucune incidence sur la qualification de l'attaque comme étant une agression armée.

Il ne peut non plus être contesté que cette agression caractérisée et généralisée a été conçue et préparée comme telle. Elle a été précédée par d'importantes concentrations de troupes aux frontières de l'Ukraine aussi bien avec la Russie qu'avec la Biélorussie et par des manœuvres conjointes des troupes de ces deux pays.

Cette qualification est d'ailleurs confirmée, toujours sur le fondement de l'alinéa a) du paragraphe 2 de l'article 8$^{bis}$ du statut de la CPI, par l'occupation par la Russie, temporaire ou durable, résultant de l'invasion d'une partie du territoire ukrainien et de l'annexion par la force d'une partie du territoire occupé. Avant même le début de l'« opération militaire spéciale », la Russie contrôlait directement, ou par l'intermédiaire de forces pro-russes, environ 43 000 kilomètres carrés de territoire ukrainien, en Crimée et dans le Donbass. Après cent jours de guerre, les forces russes avaient, de l'aveu même du président Volodymyr Zelensky, conquis 20 % du territoire ukrainien[23]. Une partie des régions et des villes conquises par la Russie ont été récupérées par l'Ukraine, mais des pans entiers de territoire demeurent sous occupation russe à la suite de la relative stabilisation de la ligne de front à partir de novembre 2022. En outre, après la Crimée en 2014, la Fédération de Russie a, le 30 septembre 2022, purement et simplement annexé les républiques séparatistes de Donetsk et Louhansk et deux régions voisines à la suite de la consultation, sommaire et infiniment contestable, de la population demeurée sur place[24].

L'invasion de l'Ukraine répond tout autant à la définition des actes d'agression donnée dans les alinéas b), c) et d) du paragraphe 2 de l'article 1er du Statut de Rome :

– Le territoire ukrainien a été – et continue d'être – abondamment bombardé par les forces armées russes (alinéa b) : massifs le 24 février et dans les jours qui ont suivi, sur l'ensemble du territoire ukrainien – y compris sur Kiev –, ils se sont ensuite concentrés davantage sur certaines cibles particulières, notamment les villes de Kharkiv, Marioupol et Kherson, sans pour autant cesser dans le reste du pays. Ces bombardements, souvent aveugles, dont Vladimir Poutine a proclamé la nécessité[25] et qui sont la plupart du temps des crimes de guerre[26], constituent également des actes d'agression.

– De même les attaques par les forces armées de la Russie « des forces terrestres, maritimes ou aériennes, ou des flottes aériennes et maritimes » de l'Ukraine, également définies par l'alinéa d) de l'article 8bis, comme constituant des actes d'agression constitutives de crimes d'agression sont avérées. Pour n'en citer que quelques exemples : dès le 24 février, la marine ukrainienne basée à Odessa a été visée par des bombardements aériens russes ; le 28 février, le porte-parole du ministère russe de la Défense, le général Igor Konachenkov, a revendiqué, non sans exagération semble-t-il, la « suprématie aérienne » sur toute l'Ukraine[27] ; et les aéroports ukrainiens constituent, depuis l'origine, l'une des cibles privilégiées de l'aviation russe[28]. Ces attaques sont parties intégrantes de l'invasion de l'Ukraine depuis le 24 février et se traduisent par des bombardements répétés d'objectifs militaires – indépendamment des bombardements aveugles ou de ceux qui, délibérément, visent des cibles civiles et qui, eux, pour être des actes d'agression, constituent aussi des crimes de guerre, voire des crimes contre l'humanité[29].

– Quant à l'alinéa c) de l'article 8$^{bis}$, il incrimine en tant qu'acte d'agression « le blocus des ports ou des côtes d'un État par les forces armées d'un autre État ». Il est établi que la marine russe, appuyée par l'aviation, a soumis les côtes ukrainiennes à un blocus total[30] qui, malgré quelques actions ukrainiennes réussies[31], n'a été très partiellement suspendu que grâce à l'accord, inégalement respecté, du 22 juillet 2022 sur les exportations de blé[32]. Selon une dépêche de l'agence Tass, au 13 août 2022, « [a]u total, 58 navires étrangers restent bloqués dans les ports ukrainiens » de Chernomorsk, Ochakov, Odessa, Kherson, Mykolaïv et Youjné[33], les trois derniers n'étant pas concernés par l'Initiative céréalière de la mer Noire.

Les actions de la Russie en Ukraine, remplissent également les conditions figurant dans la définition donnée à un acte d'agression à l'alinéa g) du paragraphe 2, de l'article 8$^{bis}$ du Statut :

> *« L'envoi par un État ou au nom d'un État de bandes, groupes, troupes, irrégulières ou mercenaires armés qui exécutent contre un autre État des actes assimilables à ceux de forces armées d'une gravité égale à celle des actes énumérés ci-dessus, ou qui apportent un concours substantiel à de tels actes. »*

Il apparaît en effet que la Russie a fait largement appel à des mercenaires de différentes origines[34] : des groupes de combattants tchétchènes – dont le statut juridique est incertain –, des « volontaires » syriens et, surtout, les mercenaires du groupe Wagner dont la présence massive sur les champs de bataille est avérée et reconnue.

Dès le 25 février 2022, M. Ramzan Kadyrov, président de la République de Tchétchénie, a annoncé l'envoi de 10 000 combattants tchétchènes en renfort des militaires russes[35]. Le recrutement de « volontaires du Moyen-Orient » a été annoncé le 11 mars par Vladimir Poutine lui-même[36]. Mais ce sont surtout les soldats de l'entreprise militaire privée Wagner qui ont été particulièrement présents aux côtés des militaires russes.

Bien qu'en principe les milices privées soient interdites en Russie et que le pouvoir russe ait longtemps nié l'existence du groupe Wagner et une quelconque coopération entre celui-ci et l'armée russe, un article bien documenté, publié par un centre de recherche américain conclut :

> « *Wagner est étroitement, souvent directement, lié à l'État russe. Il existe des preuves indiquant que le groupe Wagner est subordonné à l'armée russe en Ukraine. Wagner s'appuie largement sur l'infrastructure militaire russe, qu'il s'agisse d'utiliser une base commune, d'être transporté par des avions militaires russes ou d'utiliser les services de santé militaires. L'État russe est également impliqué dans le soutien du groupe Wagner par le biais de passeports et, comme l'indiquent les récents événements qui se sont produits en Biélorussie, même par des interventions politiques au niveau présidentiel*[37]. »

Même s'il a existé des tensions entre le groupe Wagner et son chef, Evgueni Prigojine, d'une part, et l'armée russe régulière et son état-major d'autre part[38], c'est le simple fait d'envoyer des mercenaires pour mener des opérations militaires sur le territoire d'un État étranger qui constitue un crime d'agression. Ces dissensions n'ont donc pas d'impact sur la responsabilité de Poutine à cet égard.

Probablement créé en 2014, le groupe Wagner a joué un rôle dans l'infiltration militaire russe en Crimée en 2014 puis dans le conflit du Donbass. Il est fortement impliqué dans la guerre en Ukraine depuis le déclenchement de l'« opération militaire spéciale ». Selon des sources nombreuses et concordantes, la présence des « Wagner » – composés largement par des détenus engagés en échange d'une libération au bout de six mois sur le terrain – s'élève à entre 30 000 et 50 000 combattants. Ceux-ci ont pris, notamment, une part considérable aux combats autour de Bakhmout et Soledar. Malgré les réticences initiales pour le reconnaître officiellement, le groupe jouit depuis le 17 janvier 2023 d'une existence légale en Russie[39] et a été désigné dans la foulée comme organisation criminelle par les États-Unis[40]. Selon une dépêche de l'agence Tass du 16 janvier 2023, M. Dmitri Peskov, porte-parole du Kremlin a déclaré : « Le pays doit connaître et connaît ses héros. » Il a particulièrement insisté sur le fait que cela concerne aussi bien les héros servant dans les forces armées russes et faisant preuve de miracles de courage que les héros du groupe Wagner. « Tous ces héros resteront à jamais dans notre mémoire[41]. »

En dépit de l'opacité qui entoure la création et les activités du groupe Wagner, ces éléments suffisent amplement à établir que les activités des mercenaires de ce groupe, intimement lié à l'armée russe, et qui exécutent des actes assimilables à ceux de forces armées, d'une gravité égale à celle des autres actes énumérés au paragraphe 2 de l'article 8$^{bis}$ du Statut de Rome et apportent un concours substantiel à de tels actes, constituent des actes d'agression au sens de l'alinéa g) de cette disposition. Les violations du droit de la guerre par le groupe Wagner et les autres groupes paramilitaires opérant en Ukraine font l'objet de développements spécifiques dans le chapitre suivant de ce livre.

Dans son célèbre arrêt de 1986 dans une affaire opposant le Nicaragua aux États-Unis, la CIJ a estimé que l'« on peut considérer comme admis que, par agression armée, il faut entendre non seulement l'action des forces armées régulières à travers une frontière internationale, mais encore "l'envoi par un État ou en son nom de bandes ou de groupes armés, de forces irrégulières ou de mercenaires..." » répondant à « la description, qui figure à l'article 3, alinéa g), de la définition de l'agression annexée à la résolution 3314 (XXIX) de l'Assemblée générale [...] La Cour ne voit pas de raison de refuser d'admettre qu'en droit international coutumier la prohibition de l'agression armée puisse s'appliquer à l'envoi par un État de bandes armées sur le territoire d'un autre État si cette opération est telle, par ses dimensions et ses effets, qu'elle aurait été qualifiée d'agression armée et non de simple incident de frontière si elle avait été le fait de forces armées régulières[42] ».

À l'exception des alinéas e) et f) de l'article 8$^{bis}$, paragraphe 2, qui correspondent à des circonstances tout à fait particulières, toutes les hypothèses envisagées par l'article 8$^{bis}$ comme constituant des actes se trouvent donc réunies. Cependant, leur conjonction ne suffit pas pour établir l'existence d'un crime d'agression : encore faut-il établir que leur planification, leur lancement ou leur exécution « constitue une violation manifeste de la Charte des Nations unies ».

### *… d'une manière incompatible avec la Charte des Nations unies*

L'article 2, paragraphe 4, de la Charte des Nations unies, dont le texte est repris à la fois dans la résolution 3314 (XXIX) de l'Assemblée générale et dans l'article $8^{bis}$, paragraphe 2, du Statut de la CPI, enjoint les membres de l'Organisation de s'abstenir, « dans leurs relations internationales, de recourir à la menace ou à l'emploi de la force, soit contre l'intégrité territoriale ou l'indépendance politique de tout État, soit de toute autre manière incompatible avec les buts des Nations unies ». On ne saurait donc qualifier d'agression n'importe quel recours à la force (« armée » : précision ajoutée au texte de la Charte par la résolution 3314 et par l'article $8^{bis}$) ; il n'est exclu que s'il est incompatible avec les buts des Nations unies – dont trois sont expressément énoncés –, et s'il n'est pas expressément prévu par la Charte. Celle-ci envisage en effet deux hypothèses dans lesquelles les États peuvent utiliser la force armée : une résolution du Conseil de sécurité les y autorisant (article 42) ou dans l'exercice du « droit naturel de légitime défense » (article 51). En outre, il n'y a agression que si l'on est en présence d'une « violation *manifeste* de la Charte des Nations unies »

– précision supplémentaire donnée par le paragraphe 1$^{er}$ de l'article 8$^{bis}$.

S'agissant du recours à la force de la Russie contre l'Ukraine, il n'y a pas lieu de s'attarder très longuement sur les nombreuses violations de la Charte tant elles sont « manifestes » – y compris, mais pas seulement, s'agissant des trois buts des Nations unies mis en exergue par le paragraphe 2 de l'article 8$^{bis}$. En se refusant à toute négociation que ce soit avant ou pendant l'attaque armée, la Russie a également violé le principe énoncé aux articles 2, paragraphe 3, et 33 de la Charte qui imposent aux États membres de régler « leurs différends internationaux par des moyens pacifiques, de telle manière que la paix et la sécurité internationales ainsi que la justice ne soient pas mises en danger ».

Sans doute Vladimir Poutine a-t-il assuré, à la veille de l'invasion, après la reconnaissance des républiques séparatistes de Donetsk et Louhansk par la Douma, que son pays était « toujours ouvert à un dialogue direct et honnête pour trouver des solutions diplomatiques aux problèmes les plus complexes. Cependant, les intérêts et la sécurité de nos citoyens sont pour nous non négociables[43] ». De son côté, le ministre russe des Affaires étrangères, Sergueï Lavrov, a déclaré, le 25 février, que la Russie était prête « à négocier à tout moment, dès que les forces armées ukrainiennes répondront à l'appel du président russe Vladimir Poutine, cesseront de résister et déposeront leurs armes[44] ». Le bureau de presse du Kremlin a précisé que les négociations proposées devraient se tenir en Biélorussie, pays allié de la Russie[45]. On peut difficilement voir dans ces déclarations une offre crédible de régler pacifiquement le différend. Vladimir Poutine lui-même a précisé peu après les conditions qu'il mettait à l'ouverture de négociations notamment au cours de conversations avec le président français et le chancelier allemand : démilitarisation, « dénazification » et neutralité et reconnaissance de la souveraineté de la Russie sur la Crimée et les républiques de Donetsk et de Louhansk[46]. Avec plus ou moins de précisions et d'insistance, ces exigences ont été constamment maintenues depuis lors[47]. Le refus de régler sérieusement le – ou les différends – qui opposent la Russie à l'Ukraine autrement que par le recours à la force armée, en violation manifeste des articles 2, paragraphes 3 et 4, et 33 de la Charte est avéré.

Quant aux trois autres principes fondamentaux énoncés par l'article 8[bis] du Statut de Rome, avant même de lancer l'« opération militaire spéciale », le président de la Fédération de Russie n'a pas fait mystère de ses intentions qui consistaient très précisément à violer la souveraineté de l'Ukraine, son intégrité territoriale et son indépendance politique.

Dans son discours « préparatoire » à l'invasion, du 21 février 2022, Vladimir Poutine, réécrivant l'histoire, s'est employé à nier l'existence d'une véritable nation ukrainienne en soutenant notamment que l'Ukraine « est une partie inaliénable de notre histoire, de notre culture et de notre espace spirituel. (…) L'Ukraine moderne a été entièrement créée par la Russie » ; « [l]'Ukraine ne s'est jamais dotée d'un État stable ; les élections et ses institutions politiques ne servent que de couverture, d'écran pour la redistribution du pouvoir et des biens entre les différents clans oligarchiques » ; « le gouvernement (...) n'agit plus en tant que nation et pousse constamment l'Ukraine vers la perte de sa souveraineté[48] ». D'une façon générale, la dissolution de l'Union soviétique a « démembré notre communauté nationale[49] » ; du reste, comme le président de la Fédération l'a déclaré le 27 octobre 2022 dans un discours au Club Valdaï, un *think tank* à la main du Kremlin : « Je me dis que, en toute équité, la Russie, qui a créé l'Ukraine d'aujourd'hui, pourrait être le seul garant réel et sérieux du statut d'État, de la souveraineté et de l'intégrité territoriale de l'Ukraine[50]. » C'était nier la légitimité de l'État ukrainien, « créé artificiellement[51] », au mépris de sa souveraineté et du principe de l'égalité souveraine des États proclamé par l'article 2, paragraphe 1, de la Charte des Nations unies.

Dans ce même discours, Vladimir Poutine contestait avec virulence le rattachement « artificiel » par Staline de vastes territoires à l'Ukraine et le « retrait » de la Crimée à la Russie par Khrouchtchev : « Je répète que ces territoires ont été transférés avec la population de ce qui était historiquement la Russie[52]. » Le 24 février 2022, Vladimir Poutine définissait les territoires adjacents à la Russie comme étant « nos territoires historiques[53] ».

Cette volonté de « récupération » de territoires prétendument arrachés à la Russie s'est manifestée, très concrètement, dès 2014 lorsqu'elle s'est appropriée la Crimée, partie intégrante de la République d'Ukraine depuis 1954. Pour cela, elle n'a pas fait ouvertement usage de la force armée malgré l'infiltration massive des unités spéciales russes qui ont pris le contrôle des principaux centres politiques et des infrastructures civiles et militaires de la République autonome de Crimée à compter du 27 février 2014[54]. Après avoir nié cette présence militaire, la Russie l'a reconnue sans ambiguïté par la voix de Vladimir Poutine qui a déclaré dans une interview donnée le 15 mars 2015 à la chaîne de télévision d'État russe Rossiya 1 : « Alors, je ne le cache pas, j'ai donné l'ordre au ministère de la Défense de transférer là-bas des unités spéciales des services secrets, des forces du corps des Marines, ainsi que des parachutistes[55]. » Le rattachement de l'État fantoche de Crimée dont la Russie avait suscité la création a été approuvé à la majorité confortable de 96,6 % des suffrages exprimés selon les résultats donnés par Vladimir Poutine lui-même[56]. L'Assemblée générale des Nations unies a déclaré que ce référendum n'avait « aucune validité[57] ».

Bien que l'invasion de la Crimée ait, très généralement, été qualifiée d'agression[58], on peut hésiter sur la question de savoir si elle pourrait engager la responsabilité pénale de ses instigateurs à commencer par celle de Vladimir Poutine. D'une part, allant dans le sens de cette qualification :

– il s'agit d'une opération militaire – même camouflée, cela ne saurait faire de doute ;

– elle est, en elle-même, manifestement contraire au principe de l'interdiction du recours à la force armée dans les relations internationales ; et

– elle a abouti à une violation manifeste du principe d'intégrité territoriale des États sans que, dans les circonstances de l'annexion, le principe du droit des peuples à disposer d'eux-mêmes puisse en atténuer la rigueur – du moins dans une stricte perspective juridique.

D'autre part, et en sens inverse, on peut faire valoir que l'annexion de la Crimée s'est faite sans effusion de sang et sans que le pays victime utilise les armes pour s'opposer à l'agression russe – l'Ukraine a même pacifiquement évacué ses militaires et leurs familles de la péninsule –, ce qui pourrait plaider contre la qualification d'agression et, *a fortiori*, contre la responsabilité pénale individuelle des concepteurs et des acteurs de l'opération.

En tout état de cause, qu'il s'agisse ou non d'une agression :

– la violation de l'intégrité territoriale ukrainienne est d'autant plus flagrante que la Russie s'était engagée à nouveau, formellement et spécifiquement, à respecter la souveraineté et l'intégrité territoriale de l'Ukraine dans le cadre des frontières existantes en 1994, par le « Mémorandum de Budapest », qui est un accord international concernant les garanties de sécurité liées à l'adhésion de l'Ukraine au Traité de non-prolifération des armes nucléaires (TNP) et reprenant les termes de l'article 2, paragraphe 4, de la Charte des Nations unies ; et que :

– l'annexion de la Crimée portait en germe l'agression généralisée contre l'Ukraine de 2022 : les prétextes invoqués à l'appui de l'invasion sont similaires et le *modus operandi* des annexions des républiques séparatistes de Donetsk et de Louhansk et des régions de Zaporijia et de Kherson a suivi, en infiniment plus sanglant et violent, celui qui a prévalu en Crimée.

Il est donc légitime et pertinent de prendre l'épisode criméen en considération pour analyser les événements ultérieurs et s'interroger sur leur qualification juridique. C'est d'ailleurs ainsi qu'a procédé le Tribunal de

Nuremberg lorsqu'il s'est interrogé sur la culpabilité des accusés pour crime contre la paix :

« *Avant d'examiner cette accusation, il est nécessaire de se reporter aux événements qui ont précédé les agressions. La guerre germano-polonaise n'a pas éclaté soudainement dans un ciel sans nuages. Il a été prouvé clairement que cette guerre, de même que l'invasion de l'Autriche et de la Tchécoslovaquie (que le Tribunal n'a pas considéré comme des agressions), avait été préméditée et soigneusement préparée. Elle a été entreprise au moment jugé opportun et comme conséquence d'un plan préétabli. En effet, les desseins agressifs du Gouvernement nazi ne sont pas nés de la situation politique existant à ce moment-là en Europe et dans le monde ; ils constituaient une partie essentielle et délibérément arrêtée de la politique extérieure nazie*[59]. »

Bien que nous ne disposions pas de certaines catégories de preuves sur lesquelles le TMI a pu se fonder à l'appui de ces constatations[60], il est clair que l'annexion de la Crimée « ne fut qu'un premier pas dans l'exécution du plan général d'agression » comme l'invasion de l'Autriche le fut de l'agression contre la Pologne.

Pour justifier le déclenchement de l'« opération militaire spéciale », Vladimir Poutine a déclaré qu' « il n'y a rien de plus fort que la détermination de millions de personnes qui, de par leur culture, leur religion, leurs traditions et leur langue, se considèrent comme faisant partie de la Russie et dont les ancêtres ont vécu dans un seul pays pendant des siècles. Il n'y a rien de plus fort que leur détermination à retourner dans leur véritable patrie historique[61] ». Cette détermination postulée est, avec l'accusation, intenable, de génocide, sur laquelle nous revenons plus loin, et la défense contre une agression annoncée comme imminente, l'un des prétextes invoqués par le chef de l'État russe à l'appui de la conquête puis de l'annexion du Donbass.

Les premiers troubles sécessionnistes dans l'est de l'Ukraine ont débuté à Kharkiv le 23 février 2014 et le conflit armé ouvert a commencé le mois suivant ; au départ, il semble s'être agi de troubles internes, mais le conflit s'est internationalisé avec l'aide militaire russe massive à partir de l'été 2014. Comme l'a constaté le jugement du Tribunal de district de La Haye qui s'est prononcé dans l'affaire du vol MH17, il existe une « abondance de preuves » que « la Fédération de Russie a joué un rôle de coordination et a donné des instructions à la RPD [République populaire du Donetz] » ; elle l'a financée, lui « a fourni et entraîné des troupes, et fourni des armes et [d'autres] biens. En outre, depuis au moins la mi-mai 2014, la Fédération de Russie a exercé une influence décisive sur la composition de plusieurs postes élevés au sein de la RPD, notamment ceux de Premier ministre et de ministre de la Défense. Ainsi, les autorités russes avaient une influence substantielle sur l'administration de la RPD. Le fait que la Fédération de Russie ait également utilisé cette influence est évident si l'on considère que les autorités russes ont été (directement) impliquées dans la coordination et la mise en œuvre de l'action militaire avant le crash du vol MH17[62] ». En outre, de nombreux militaires russes étaient intégrés dans les forces armées des deux républiques séparatistes[63]. Ainsi que l'a constaté la grande chambre de la Cour européenne des droits de l'homme dans son arrêt du 30 novembre 2022, un abondant corpus d'éléments « démontre au-delà de tout doute raisonnable que, en conséquence de la présence militaire de la Russie en Ukraine orientale et du degré décisif d'influence et de contrôle que la Russie exerçait sur les zones tenues par les séparatistes dans l'est de l'Ukraine à la faveur du soutien militaire, politique et économique qu'elle apportait aux entités séparatistes, ces zones se sont trouvées à partir du 11 mai 2014 sous le contrôle effectif de la Fédération de Russie[64] ».

Conformément au processus expérimenté en Crimée[65], les séparatistes, avec l'aide de groupes armés ne portant pas d'insignes militaires, mais sous contrôle russe[66] ayant réussi à établir leur mainmise sur certaines parties du Donbass, ont proclamé l'indépendance de la « République populaire de Donetsk » le 7 avril 2014 et de la « République populaire de Louhansk », le 11 mai, à la suite de « référendums » menés en pleine guerre, sans aucun contrôle international et auxquels seule une petite partie de la population de ces entités a participé. Contrairement au précédent criméen, l'armée ukrainienne est intervenue pour enrayer l'avancée des séparatistes, et de violents combats ont eu lieu à compter du mois de mai 2014 ; le 28 août 2014, la Russie a reconnu l'engagement de soldats russes volontaires dans le conflit, notamment par la voie de son représentant permanent aux Nations unies, M. Vitaly Tchourkine[67].

Il n'est peut-être pas superflu de rappeler que, le 17 juillet 2014, un tir de missile a abattu un Boeing de la Malaysian Arlines (vol MH17) ; il a été établi par des enquêtes néerlandaise et internationales impartiales que le missile « Buk » de fabrication russe avait été tiré depuis la partie du territoire ukrainien contrôlée par les séparatistes pro-russes ; le 17 novembre 2022, le tribunal de district de La Haye a condamné par contumace trois militaires (un Ukrainien des forces séparatistes et deux Russes) à la prison à perpétuité pour le meurtre des 298 passagers et membres d'équipage[68].

Malgré la signature du Protocole de Minsk, le 5 septembre 2014, proclamant un cessez-le-feu et l'adoption, le 12 février 2015, du paquet de mesures pour la mise en œuvre des Accords de Minsk, qui visait à « réintégrer les zones sous contrôle séparatiste dans le cadre de la souveraineté ukrainienne selon une organisation décentralisée[69] », les combats n'ont jamais complètement cessé dans les républiques séparatistes[70] et ont redoublé de violence à la veille de l'entrée de l'armée russe par l'est le 24 février 2022 et de la constitution d'un front relativement stable, cadre d'affrontements armés particulièrement violents se traduisant par des avancées et des reculs alternés des deux armées[71].

Du 23 au 27 septembre, des référendums ont été organisés dans les deux « républiques » autoproclamées ainsi que dans les villes de Kherson et Zaporijia et leurs régions (et, pour les deux villes, sur le principe de la sécession). De nouveau, les résultats ont été presque unanimes[72] et, dès le 30 septembre 2022, les traités d'accession ont été signés, quatre nouvelles régions russes ayant été créées[73].

Par sa résolution ES-11/4 du 12 octobre 2022, consacrée à l'« Intégrité territoriale de l'Ukraine » et à la « Défense des principes consacrés par la Charte des Nations unies », l'Assemblée générale a déclaré « que les actes illicites de la Fédération de Russie concernant les soi-disant référendums illégaux organisés du 23 au 27 septembre 2022 dans des parties des régions ukrainiennes de Donetsk, de Kherson, de Louhansk et de Zaporijia, qui se trouvent ou se sont trouvées en partie sous le contrôle militaire temporaire de la Fédération de Russie, ainsi que la tentative d'annexion illégale de ces régions qui a suivi n'ont aucune validité au regard du droit international et ne sauraient servir de fondement à une quelconque modification du statut de ces régions d'Ukraine[74] ».

Le sort des régions illégalement annexées demeure à ce jour incertain. Ces annexions ne sont pas, au demeurant, l'unique objectif de la Fédération de Russie. Les dirigeants russes, au premier rang desquels Vladimir Poutine, n'ont jamais fait mystère de leur intention de renverser le « régime agressif et nationaliste qui a pris le pouvoir à Kiev » et de débarrasser l'Ukraine des « néo-nazis » en violation flagrante du principe de l'indépendance politique de tout État juridiquement garantie par l'article 2, paragraphe 4, de la Charte des Nations unies. Les discours de Vladimir Poutine des 21 et 28 février 2022 sont, à cet égard, parlants : il s'agit de « démilitariser et (…) dénazifier l'Ukraine[75] » s'opposer au régime politique mis en place à la suite de la « révolution de Maïdan », « le coup d'État soutenu par l'Occident en Ukraine en 2014 » et « à la transition vers le nationalisme néandertalien et agressif et le néonazisme qui ont été élevés en Ukraine au rang de politique nationale[76] ».

Bien qu'un peu infléchis à la suite des revers militaires subis par l'armée russe, ces objectifs ont été constamment réaffirmés ensuite par Vladimir Poutine lui-même[77], et aussi, le 27 décembre 2022[78], notamment, par Sergueï Lavrov, ministre des Affaires étrangères de la Fédération de Russie, ou par Piotr Tolstoï, vice-président de la Douma, le 23 janvier 2023[79].

Du même coup, la Russie porte atteinte au principe du droit des peuples à disposer d'eux-mêmes proclamé par les articles 1, paragraphe 2, et 55, principe que Vladimir Poutine n'hésite pas à invoquer dans son discours du 24 février et en lien avec les référendums organisés dans les zones partiellement occupées du Donbass[80].

Les violations des principes de la Charte ne se sont pas limitées à des déclarations et à des menaces. En elle-même, l'attaque armée, qui s'est poursuivie pendant un an et dont on n'entrevoit pas la fin au moment où ces lignes sont écrites, est une atteinte évidente à la souveraineté de l'Ukraine. Et si la Russie, dirigée par Vladimir Poutine, a échoué à obtenir le changement de régime espéré à Kiev, elle s'est employée à démembrer l'Ukraine.

### *Légitime défense ou autres « circonstances excluant l'illicéité » ?*

Il résulte de ce qui précède que la Fédération de Russie :

– a recouru massivement à la force armée,

– en violation manifeste de la plupart des principes fondamentaux proclamés par la Charte des Nations unies.

Il convient cependant de se demander si elle pourrait invoquer le bénéfice de « circonstances excluant l'illicéité » qui exonèrent les auteurs d'actes à première vue illicites de leur responsabilité. Si tel était le cas, la responsabilité de la Russie ne serait pas engagée du fait d'actes d'agression et, par voie de conséquence, la culpabilité de Vladimir Poutine ne pourrait pas être établie pour sa participation (sous forme de planification, préparation, lancement ou exécution) à l'agression commise par l'État dont il est le chef.

Comme nous l'avons rappelé plus haut, l'interdiction de recourir à la force dans les relations internationales – telle qu'elle est énoncée par l'article 2, paragraphe 4, de la Charte – n'est pas absolue. Deux exceptions lui sont expressément apportées : une décision du Conseil de sécurité adoptée en vertu de l'article 42 – évidemment exclue en l'espèce du fait du droit de veto dont dispose la Russie[81] – et l'excuse de légitime défense, telle que l'énonce l'article 51 reproduit à l'annexe n° 3 :

> « *Aucune disposition de la présente Charte ne porte atteinte au droit naturel de légitime défense, individuelle ou collective, dans le cas où un membre des Nations unies est l'objet d'une agression armée, jusqu'à ce que le Conseil de sécurité ait pris les mesures nécessaires pour maintenir la paix et la sécurité internationales. Les mesures prises par des membres dans l'exercice de ce droit de légitime défense sont immédiatement portées à la connaissance du Conseil de sécurité et n'affectent en rien le pouvoir et le devoir qu'a le Conseil, en vertu de la présente Charte, d'agir à tout moment de la manière qu'il juge nécessaire pour maintenir ou rétablir la paix et la sécurité internationales.* »

C'est ce « droit naturel de légitime défense » que Vladimir Poutine n'a pas hésité à invoquer pour justifier son « opération militaire spéciale » contre l'Ukraine[82].

Il l'a fait d'une manière particulièrement explicite dans l'important discours du 21 février 2022, annonciateur de l'invasion de l'Ukraine, dont il est approprié de citer d'assez larges extraits[83] :

*« En mars 2021, une nouvelle stratégie militaire a été adoptée en Ukraine. Ce document est presque entièrement consacré à la confrontation avec la Russie et se fixe pour objectif d'impliquer des États étrangers dans un conflit avec notre pays. (…)*

*« Si l'Ukraine acquiert des armes de destruction massive, la situation dans le monde et en Europe changera radicalement, surtout pour nous, pour la Russie. Nous ne pouvons pas ne pas réagir à ce danger bien réel… (…)*

*« En d'autres termes, (…) l'adhésion de l'Ukraine à l'OTAN constitue une menace directe pour la sécurité de la Russie. (…)*

*« En 1990, lorsque l'unification de l'Allemagne a été discutée, les États-Unis ont promis aux dirigeants soviétiques que la juridiction ou la présence militaire de l'OTAN ne s'étendrait pas d'un pouce vers l'est et que l'unification de l'Allemagne n'entraînerait pas l'extension de l'organisation militaire de l'OTAN vers l'est. (…)*

*« Les informations dont nous disposons nous donnent de bonnes raisons de penser que l'adhésion de l'Ukraine à l'OTAN et le déploiement ultérieur des installations de l'OTAN ont déjà été décidés et ne sont qu'une question de temps. Nous savons parfaitement que, compte tenu de ce scénario, le niveau des menaces militaires à l'encontre de la Russie augmentera de façon dramatique, à plusieurs reprises. Et je tiens à souligner à ce stade que le risque d'une frappe soudaine sur notre pays se renforcera. (…)*

*« Je souhaite être clair et direct : dans les circonstances actuelles, alors que nos propositions pour un dialogue égalitaire sur les questions fondamentales sont en fait restées sans réponse de la part des États-Unis et de l'OTAN, alors que le niveau des menaces contre notre pays a augmenté de manière significative, la Russie a tout à fait le droit de répondre afin d'assurer sa sécurité. C'est exactement ce que nous ferons. »*

Le discours de Vladimir Poutine prononcé le 24 février, jour du déclenchement de l'« opération militaire spéciale » va dans le même sens. Après avoir évoqué la « politique d'endiguement » des États-Unis et de leurs alliés le président de la Fédération de Russie poursuit :

*« Pour notre pays, c'est en fin de compte une question de vie ou de mort, la question de notre avenir historique en tant que Nation. Et ce n'est pas une exagération – c'est tout simplement comme ça. Il s'agit d'une menace réelle, non seulement pour nos intérêts, mais aussi pour l'existence même de notre État, pour sa souveraineté. C'est la ligne rouge qui a été évoquée à plusieurs reprises. Ils l'ont franchie. (...)*

*« {L}a Russie ne peut se sentir en sécurité, ne peut se développer, ne peut exister avec une menace constante émanant du territoire de l'actuelle Ukraine.*

*« Permettez-moi de vous rappeler qu'en 2000-2005 nous avons riposté militairement aux terroristes dans le Caucase, défendu l'intégrité de notre État et préservé la Russie. En 2014, nous avons soutenu la population de Crimée et de Sébastopol. En 2015, nous avons utilisé nos forces armées pour mettre une barrière fiable aux infiltrations de terroristes depuis la Syrie vers la Russie. Il n'y avait pas d'autre moyen pour nous de nous défendre.*

*« La même chose se produit maintenant. Vous et moi n'avons simplement pas eu d'autre possibilité de défendre la Russie, notre peuple, que celle que nous serons forcés d'utiliser aujourd'hui. Les circonstances nous obligent à agir de manière décisive et immédiate. Les Républiques populaires de Donbass ont demandé l'aide de la Russie.*

*« À cet égard, conformément à l'article 51 de la partie VII de la Charte des Nations unies, avec l'autorisation du Conseil de la Fédération de Russie et conformément aux traités d'amitié et d'assistance mutuelle avec les Républiques populaires de Donetsk et de Louhansk ratifiés par l'Assemblée fédérale le 22 février de cette année, j'ai pris la décision de mener une opération militaire spéciale*[84]. »

La reproduction de ce discours a tenu lieu de notification des mesures prises par la Russie en application de l'article 51 de la Charte[85].

Le 9 mai 2022, Vladimir Poutine se félicite que la Russie ait « lancé une attaque préventive contre l'agression. C'était une décision forcée, appropriée et la seule correcte. Une décision prise par un pays souverain, fort et indépendant ». Et, de nouveau, dans sa déclaration du 21 septembre 2022, il affirme : « Dans ce contexte, la décision de lancer une opération militaire préventive était nécessaire et la seule option possible », tout en entretenant l'ambiguïté sur l'objet de l'opération dont, indique-t-il, « l'objectif principal (...) est de libérer l'ensemble du Donbass[86] ».

On peut avoir plus que des doutes quant à la réalité des prétextes invoqués par Vladimir Poutine pour justifier la situation de légitime défense :

– Des sources particulièrement dignes de foi, démentent l'existence d'une promesse des États-Unis à l'URSS de ne pas étendre l'OTAN vers l'Est en échange de la réunification de l'Allemagne – argument déjà avancé par Vladimir Poutine lors de l'annexion de la Crimée[87] : Robert Zoellick, le principal négociateur pour les États-Unis[88], et Mikhaïl Gorbatchev lui-même[89] sont catégoriques sur ce point qui semble bien établi par des études universitaires solidement argumentées[90].

– Il est exact qu'en juin 2017 le Parlement ukrainien a adopté une loi en vertu de laquelle l'adhésion à l'OTAN est reconnue comme un objectif stratégique de la politique étrangère et de sécurité du pays ; un amendement inscrivant cet objectif dans la constitution ukrainienne est entré en vigueur en 2019 ; par ailleurs, le président ukrainien, Volodymyr Zelensky, a approuvé en septembre 2020 la nouvelle stratégie de sécurité nationale de l'Ukraine, qui prévoit de développer le partenariat spécifique OTAN-Ukraine en vue d'une adhésion du pays à l'Organisation. Mais il faut noter d'une part que le partenariat entre l'Ukraine et l'OTAN ne s'est intensifié qu'à partir de 2014, après l'annexion de la Crimée par la Russie[91], et d'autre part que l'OTAN est une alliance de caractère défensif – comme le confirment d'ailleurs les prudences des États occidentaux dans l'aide qu'ils apportent à l'Ukraine.

– La Russie n'a apporté aucune preuve de préparatifs d'une agression de l'Ukraine ou de l'OTAN contre elle. La « Nouvelle stratégie militaire de l'Ukraine » adoptée par le Conseil national de sécurité et de défense et ratifiée par un décret présidentiel du 25 mars 2021 remplace un document similaire adopté en 2015 à la suite de l'annexion illicite de la Crimée et en atténue les buts trop ambitieux (notamment une coordination complète avec les forces de l'OTAN) qui n'avaient pas été atteints[92]. La nouvelle stratégie, qui réaffirme l'objectif d'une adhésion à l'OTAN, est, elle aussi, essentiellement défensive ; elle semble bien prévoir de récupérer la Crimée, mais sans évoquer le recours à la force armée[93] et sans préciser ni de date ni les moyens d'y procéder.

– Quant à l'intention prêtée à l'Ukraine de se doter de l'arme nucléaire, il convient de rappeler qu'après l'indépendance elle a remis l'ensemble des armes nucléaires présentes sur son territoire à la Russie et qu'elle est devenue, en 1994, partie au Traité de non-prolifération (TNP) de 1968 en tant qu'État non doté de l'arme nucléaire – c'est-à-dire ayant renoncé à s'en doter. La signature du « mémorandum de Budapest » du 5 décembre 1994, par lequel la Russie s'engageait à respecter l'intégrité territoriale de l'Ukraine a été la contrepartie de cette renonciation. Il est vrai que quelques déclarations d'officiels ukrainiens n'excluaient pas la possibilité d'un réarmement nucléaire[94], mais si ce genre de déclarations peuvent être ressenties comme provocatrices, elles ne constituent évidemment pas des agressions armées – ni acquises, ni imminentes.

– Les « appels » qu'aurait lancés les républiques séparatistes du Donbass ne sauraient en aucune manière justifier l'argument de la légitime défense collective : ces entités, qui ne répondent pas à la définition d'États souverains – et ne contrôlent d'ailleurs pas l'intégralité des territoires qu'elles revendiquent, ne peuvent être réputées « agressées » par l'Ukraine dont elles font partie ; elles ne peuvent être considérées que comme des groupes rebelles et, comme l'a fait remarquer la CIJ, alors que « le principe de non-intervention relève du droit international coutumier », « il perdrait assurément toute signification réelle comme principe de droit si l'intervention pouvait être justifiée par une simple demande d'assistance formulée par un groupe d'opposants dans un autre État (...) à supposer qu'en l'espèce cette demande ait été réellement formulée[95] ».

À vrai dire, l'invocation de la légitime défense a, de tous temps, constitué l'alibi de l'agression. Pour n'en prendre que trois exemples – diversifiés –, elle a été alléguée par Hitler lorsqu'il a envahi la Pologne[96], par Molotov, ministre des Affaires étrangères de Staline, avant l'invasion de la Finlande[97], et par George W. Bush au moment de lancer la deuxième guerre du Golfe contre l'Irak (opération *Iraqi Freedom*)[98].

Il n'est pas sans intérêt, ici encore, de se reporter au jugement de Nuremberg, qui a écarté l'excuse de légitime défense invoquée par la défense des accusés en considérant qu'

> *« [a]ucune preuve n'a été fournie au Tribunal pour étayer l'affirmation selon laquelle les Pays-Bas, la Belgique et le Luxembourg auraient été envahis par l'Allemagne parce que l'Angleterre et la France avaient déjà projeté une occupation de ces pays. Il est vrai que les états-majors britannique et français avaient collaboré à la préparation de certains projets d'opérations militaires devant se dérouler en Belgique et aux Pays-Bas, mais le but de ces projets était seulement de défendre ces pays dans le cas d'une attaque allemande.*

*Rien, en conséquence, ne peut justifier l'invasion de la Belgique, des Pays-Bas et du Luxembourg. Elle fut entreprise en application d'une politique élaborée et mûrie de longue date : elle constitue manifestement une guerre d'agression. La décision d'envahir ces pays fut prise à la seule fin de poursuivre les buts de la politique allemande d'agression*[99] ».

Et, à propos de l'invasion de la Norvège, le TMI a rappelé, citant l'affaire de *La Caroline*, « qu'une action préventive en territoire étranger ne se justifie que dans le cas d'"une nécessité pressante et urgente de défense, qui ne permet ni de choisir les moyens, ni de délibérer[100]" ».

Il s'agit là d'une règle bien établie (et encadrée) du droit international coutumier. Ainsi, la CIJ a rappelé avec fermeté que le droit de légitime défense ne peut être exercé que « dans des circonstances caractérisées par la nécessité et s'il l'a été d'une manière proportionnée[101] ». Conformément à la lettre de l'article 51 de la Charte, il ne peut être mis en œuvre que lorsqu'un État est victime d'une « agression armée[102] » et non « pour protéger des intérêts perçus comme relevant de la sécurité[103] ».

La question de savoir si l'excuse de légitime défense peut être invoquée en l'absence d'une agression armée avérée continue à être discutée en doctrine – même si le courant majoritaire tend à admettre l'exercice du droit de légitime défense si une agression armée est imminente[104]. Il n'est pas utile que nous nous prononcions sur ce point : il semble tout à fait clair qu'il n'existait aucune menace d'agression imminente dans le cas présent.

Il nous apparaît de la manière la plus claire que le « droit naturel de légitime défense » dont se prévaut la

Russie et qui constitue, sur le plan juridique, la principale justification invoquée par Vladimir Poutine pour justifier l'« opération militaire spéciale » ne saurait exonérer ni la Russie de sa responsabilité pour l'agression armée contre l'Ukraine, ni son président de sa culpabilité pour crimes d'agression.

Il convient néanmoins de s'interroger sur l'existence éventuelle d'autres causes exonératoires de responsabilité, qui pourraient jouer au bénéfice de la Fédération de Russie et de son président. Toutes tournent autour de l'affirmation, abondamment avancée par Vladimir Poutine, selon laquelle il se serait agi de protéger la population ukrainienne – ou certaines de ses composantes – contre les graves violations des droits humains dont elles seraient victimes, ce que l'on qualifie traditionnellement d'« interventions d'humanité » ou, de façon plus savante, d'« interventions armées unilatérales pour la défense d'un droit ».

Dans son discours « fondateur » du 21 février 2022, Vladimir Poutine qualifiait de « génocide » les combats menés par les troupes gouvernementales ukrainiennes contre les groupes séparatistes au Donbass[105], accusation renouvelée le 24 février lorsqu'il a déclaré que le but de l'« opération militaire spéciale » était :

> *« de protéger les personnes qui ont été soumises à des abus, à un génocide par le régime de Kiev pendant huit ans. Et à cette fin, nous chercherons à démilitariser et à dénazifier l'Ukraine, à traduire en justice ceux qui ont commis de nombreux crimes sanglants contre des civils, y compris des citoyens de la Fédération de Russie*[106] *».*

Ces allégations ont conduit l'Ukraine à demander à la CIJ de déclarer qu'aucun acte de génocide n'avait été commis « dans les oblasts ukrainiens de Louhansk et de Donetsk » et que ces accusations mensongères ne peuvent justifier « quelque action que ce soit en Ukraine ou contre celle-ci » et que ni l'« opération militaire spéciale » ni « la reconnaissance, par la Fédération de Russie, de l'indépendance des régions sécessionistes » ne trouvent donc « aucune justification dans la convention sur le génocide[107] ». La Cour ne s'est pas encore prononcée sur le fond de la demande, mais, dans une ordonnance en indication de mesures conservatoires – une sorte de référé – du 16 mars 2022, elle a ordonné – sans effet à ce jour – à la Fédération de Russie de « suspendre immédiatement les opérations militaires qu'elle a commencées le 24 février 2022 sur le territoire de l'Ukraine[108] » et noté que la Russie avait elle-même relevé qu'elle n'invoquait pas la convention sur le génocide comme justification formelle à son action[109].

De toute manière, comme l'a souligné la CIJ dans cette même ordonnance, « il est douteux que la convention [sur la prévention et la répression du génocide de 1948], au vu de son objet et de son but, autorise l'emploi unilatéral de la force par une partie contractante sur le territoire d'un autre État, aux fins de prévenir ou de punir un génocide allégué[110] ». Telle avait été, plus généralement et plus fermement encore, la position de la Cour au sujet de l'utilisation de la force par les États-Unis contre le Nicaragua dans son arrêt de 1986 : « De toute manière, si les États-Unis peuvent certes porter leur propre appréciation sur la situation des droits de l'homme au Nicaragua, l'emploi de la force ne saurait être la méthode appropriée pour vérifier et assurer le respect de ces droits[111]. » Ces constatations s'imposent tout autant en la présente occurrence : aucun commencement de preuve sérieuse n'a été donné par la Russie d'un quelconque génocide et quelle qu'ait pu être la véracité des accusations russes concernant la violation par l'Ukraine de certains droits humains – accusations sur lesquelles nous ne prenons pas position –, elle ne saurait justifier l'emploi de la force armée pour y mettre fin.

En 1949, dans un arrêt célèbre, la Cour mondiale avait dénoncé en termes très vifs une intervention – infiniment moins grave et massive – de la marine britannique dans les eaux territoriales albanaises :

> « *Le prétendu droit d'intervention ne peut être envisagé par elle que comme la manifestation d'une politique de force, politique qui, dans le passé, a donné lieu aux abus les plus graves et qui ne saurait, quelles que soient les déficiences présentes de l'organisation internationale, trouver aucune place dans le droit international. L'intervention est peut-être moins acceptable encore dans la forme particulière qu'elle présenterait ici, puisque, réservée par la nature des choses aux États les plus puissants*[112]... ».

Cette ferme condamnation conserve toute sa force aujourd'hui – et peut-être même plus que jamais, eu égard aux déficiences persistantes de « l'organisation internationale ».

### *La responsabilité personnelle de Vladimir Poutine*

La responsabilité de la Fédération de Russie dans l'agression contre l'Ukraine n'est pas douteuse, et si la question pouvait être soumise à la CIJ – ce qui ne se peut sans l'accord de la Russie – elle ne saurait manquer d'être reconnue. Cela ne suffit pas à en rendre Vladimir Poutine pénalement responsable. Pour qu'il en soit ainsi, il faut encore, pour reprendre les termes de l'article 16 du projet de Code des crimes contre la paix et la sécurité de l'humanité, que, « en qualité de dirigeant ou d'organisateur », il ait pris une part active dans, ou qu'il ait ordonné, « la planification, la préparation, le déclenchement ou la conduite » de l'agression commise par la Russie.

Président de la Fédération de Russie depuis 2012 – après l'avoir été de 2000 à 2008, Vladimir Poutine est, aux termes de l'article 87, paragraphe 1, de la Constitution de la Fédération de Russie, « le Commandant en chef suprême des Forces armées de la Fédération de Russie » et exerce de nombreuses responsabilités en matière militaire, de sécurité et de relations internationales :

– il « détermine les orientations fondamentales de la politique intérieure et extérieure de l'État » et « représente la Fédération de Russie à l'intérieur du pays et dans les relations internationales » (article 80.3) et 4) ;

– il « nomme et démet de leurs fonctions les dirigeants des organes fédéraux du pouvoir exécutif (y compris les ministres fédéraux) chargés des questions de la défense, de la sécurité de l'État, des affaires intérieures, (...), des affaires étrangères... » (article 83.e) ;

– il forme le Conseil de sécurité de la Fédération de Russie... » (article 83.g) ;

– il « approuve la doctrine militaire de la Fédération de Russie » (article 83.h) ;

– il « nomme et met fin aux fonctions du haut commandement des forces armées de la Fédération de Russie » (article 83.k) ;

En outre, il « exerce la direction de la politique extérieure de la Fédération de Russie » (article 86.a). L'article 8 de la loi fédérale sur la sécurité du 28 décembre 2010, telle que modifiée le 9 novembre 2020, précise et accroît les « pouvoirs du président de la Fédération de Russie dans le domaine de la sécurité ».

Ces dispositions ne laissent aucun doute sur le fait que Vladimir Poutine est le décideur suprême en ce qui concerne la conduite aussi bien des relations extérieures que des activités militaires de la Fédération. Et il paraît évident qu'il remplit toutes les conditions pour se voir attribuer pénalement la responsabilité de l'agression armée de son pays contre l'Ukraine avec toutes ses conséquences. En d'autres termes, et pour reprendre la définition du crime d'agression par l'article 8$^{bis}$ du Statut de la CPI, il n'est pas douteux que Vladimir Poutine est « une personne effectivement en mesure de contrôler ou de diriger l'action politique ou militaire » de la Fédération de Russie et qui a nécessairement participé à la planification, la préparation, le lancement ou l'exécution de l'agression armée perpétrée ce pays contre l'Ukraine.

Certes, en principe, en vertu de l'article 102 de la Constitution, « la décision relative à la possibilité de recourir aux Forces armées de la Fédération de Russie hors des limites » de son territoire relève de la compétence du Conseil de la Fédération. Celui-ci, entièrement dominé par le parti présidentiel Russie unie, a donné, à l'unanimité, son consentement à l'« opération militaire spéciale » en Ukraine conformément à la requête du chef de l'État, le 22 février 2022, en endossant intégralement l'argumentaire du Kremlin[113]. La présidente du Conseil, Valentina Matvienko, a d'ailleurs rappelé, dans une déclaration faite le jour même de l'agression : « Le président de la Russie, en tant que garant de la Constitution et commandant suprême en chef des forces armées russes, a adopté une décision soutenue par la société[114]. »

Du reste, Vladimir Poutine, dont les très nombreux discours ont annoncé les opérations armées et les ont constamment commentées et revendiquées, n'a jamais fait mystère de son rôle prépondérant dans la préparation, le lancement et l'exécution de l'agression contre l'Ukraine. Il s'est d'ailleurs prévalu à plusieurs reprises d'un « plan » qu'il semble revendiquer comme sien[115]. C'est également lui qui, après avoir pris l'initiative de l'invasion, a adopté nombre de décisions concernant son exécution, y compris sur des points très précis. Par exemple :

– le 27 février, il « donne l'ordre au ministre de la Défense et au chef d'état-major général de mettre les forces de dissuasion de l'armée russe en état d'alerte de combat élevé[116] » ;

– le 21 avril, il ordonne au ministre de la Défense d'annuler la prise d'assaut de l'usine Azovstal après la prise de contrôle de Marioupol[117] ;

– le 4 juillet, il décide une pause opérationnelle pour les unités russes du Donbass[118] ;

– le 21 septembre 2022, il ordonne la mobilisation partielle de 300 000 réservistes[119] ;

– le 20 octobre 2022, « [l]e commandant en chef suprême a visité [un] terrain d'entraînement (...) où il a inspecté la formation du personnel nouvellement mobilisé[120] » et, le 28 octobre, le ministre de la Défense rend « compte au commandant en chef suprême de l'achèvement de la mobilisation partielle[121] » ;

– le 5 janvier 2023, « [a]près examen de l'adresse de Sa Sainteté le patriarche Kirill, [il] ordonne au ministre de la Défense de la Fédération de Russie d'instaurer un cessez-le-feu le long de toute la ligne de contact en Ukraine » durant 36 heures[122].

Les « éléments des crimes » qui ont été adoptés en même temps que l'amendement de Kampala au Statut de Rome et qui, conformément à l'article 9, ont vocation à aider « la Cour [pénale internationale] à interpréter et appliquer les articles » de son Statut définissant les crimes relevant de sa compétence précisent, en ce qui concerne l'article 8$^{bis}$ sur le crime d'agression, que « [l]'auteur [doit avoir eu] connaissance des circonstances de fait qui avaient établi l'incompatibilité d'un tel recours à la force armée avec la Charte des Nations unies » et « des circonstances de fait qui [établissent une] violation manifeste de la Charte des Nations unies[123] ». Quelle que soit l'interprétation que l'on donne à ces « précisions » un peu obscures, il est inconcevable que le chef d'un grand État, bénéficiant des avis de conseillers juridiques expérimentés n'ait pas été conscient de l'incompatibilité manifeste de ses décisions avec la Charte. Si d'aventure ses conseillers ne l'avaient pas éclairé, le Secrétaire général des Nations unies avait déclaré, quelques jours avant l'agression, que « la décision russe concernant les régions de Donetsk et Louhansk est « contraire aux principes de la Charte des Nations unies[124] ». L'OSCE et la Commission de l'UE l'ont mis en garde le même jour et pour les mêmes raisons[125].

C'est donc en toute conscience et connaissance de cause que Vladimir Poutine a planifié, préparé, lancé et exécuté l'agression contre l'Ukraine initiée le 24 février 2022 et qui se poursuit toujours à l'heure actuelle. Ce faisant, il s'est rendu coupable du crime d'agression tel qu'il est défini par l'article 8[bis] du Statut de la CPI dont on peut tenir pour acquis qu'il reflète le droit international coutumier. Cette agression recouvre un grand nombre des actes énumérés au paragraphe 2 de cette disposition, lesquels, chacun considéré isolément, constituent des actes d'agression susceptibles d'entraîner une condamnation pénale de ce chef. Leur conjonction et leur massivité sont des facteurs aggravants de la responsabilité pénale de Vladimir Poutine.

## *Notes*

1. Jugement, procès des grands criminels de guerre devant le Tribunal militaire international, Nuremberg, 14 novembre 1945-1[er] octobre 1946, AAARGH, Nuremberg, 1947, p. 197, dont des extraits sont reproduits en annexe n° 2.

2. V. TPIY, *Le procureur c. Radovan Karadzic et Ratko Mladic*, n° 95-5-R61 et 95-18-R61, examen des actes d'accusation dans le cadre de l'article 61 du RPP, 11 juillet 1996, pars. 92 et 94 ou TPIR,

*Le Procureur c. Jean-Paul Akayesu*, n° 96-4-T, jugement, 2 septembre 1998, par. 523.

3. V. W. A. Schabas, *The Trial of the Kaiser*, Oxford University Press, 2018, not. pp. 121-138.

4. L'article 5.a du Statut du Tribunal de Tokyo était rédigé de la même manière.

5. V. par exemple : Francine Hirsch, « How the Soviet Union Helped Establish the Crime of Aggressive War », *Just Security*, 9 mars 2022 ou Definition of "Aggressor" at the League of Nations Conference for the Reduction and Limitation of Armaments On the 6th February 1933 (League of Nations Records of the Conference for the Reduction and Limitation of Armaments, Ser. B. Minutes of the Cen. Com. Vol. 1, Geneva, 1932, pp. 237-238 *in E. Krepp, Security and Non-Aggression, Baltic States and USSR Treaties on Non-Aggression,* Estonian Information Centre & Latvian National Foundation, Stockholm 1973, p.16.

6. V. le statut et le jugement du Tribunal de Nuremberg – Historique et analyse (Mémorandum du Secrétaire général), Nations unies, Assemblée générale Commission du droit international, Lake Success, New York 1949, A/CN.4/5 1 3 mars 1949, p. 52.

7. Au 31 décembre 2022, l'amendement avait été ratifié par 44 États.

8. CIJ, arrêt, 27 juin 1986, *Activités militaires et paramilitaires au Nicaragua et contre celui-ci (Nicaragua c. États-Unis d'Amérique)*, fond, *CIJ Recueil 1986*, p. 103, par. 195, et arrêt, 19 décembre 2005, *Activités armées sur le territoire du Congo (RDC c. Ouganda)*, *CIJ Recueil 2005*, p. 223, par. 146.

9. V. ci-dessus pp. 14-15 et ci-dessous, pp. 43-45.

10. À l'utilisation de la force armée dans son sens le plus traditionnel, se sont ajoutées des cyber-attaques contre des cibles ukrainiennes civiles et militaires. Après réflexion, nous ne les avons pas abordées dans cette étude – pour trois raisons principales : d'une part, quoique massives lors de la préparation de l'agression, elles semblent avoir décru dès lors que le conflit armé a été ouvert ; d'autre part, il s'agit d'opérations secrètes particulièrement difficiles à documenter ; enfin, les très vives controverses entre juristes sur la catégorisation des « cyber-agressions » comme entrant dans la catégorie des « actes d'agression » font qu'il paraît difficile, dans l'état actuel du droit, d'en faire l'objet d'incriminations pénales.

11. Dépêche de l'agence Reuters, « Putin says Russia Wants End to War in Ukraine », 22 décembre 2022.

12. Paragraphes 2 à 4 – v. l'annexe n° 8.

13. CIJ, avis consultatif, 21 juin 1971, *Conséquences juridiques pour les États de la présence continue de l'Afrique du Sud en Namibie (Sud-Ouest africain) nonobstant la résolution 276 (1970) du Conseil de sécurité, CIJ Recueil 1971*, p. 50, par. 105.

14. *Ibid.*

15. Résolution 2482 (2023), *Questions juridiques et violations des droits de l'homme liées à l'agression de la Fédération de Russie contre l'Ukraine.* V. aussi l'avis 300 (2022), *Conséquences de l'agression de la Fédération de Russie contre l'Ukraine* et les Conclusions du Conseil européen de l'UE des 23-24 juin, 20-21 octobre et 15 décembre 2022.

16. V. par exemple la déclaration du Secrétariat général de l'OEA sur l'agression [*attack*] contre l'Ukraine du 24 février 2022 et la résolution CP/RES. 1192 (2371/22) du Conseil permanent adoptée le 25 mars 2022 : « La crise en Ukraine » ; OSCE : Résolution sur la guerre d'agression de la Fédération de Russie contre l'Ukraine et son peuple et la menace qu'elle représente pour la sécurité dans la région de l'OSCE, Résolutions adoptées par l'Assemblée parlementaire de l'OSCE à sa 29e session annuelle, Birmingham, 2-6 juillet 2022 ; ou la résolution du Conseil d'administration de l'OIT du 24 mars 2022.

17. V. aussi la résolution des membres du comité sur le recours à la force de l'Association de droit international (ILA) du 4 mars 2022 et, pour la branche française, celle adoptée par le conseil d'administration le 25 février 2022 ; pour la Société européenne de droit international (SEDI-ESIL), la déclaration du président et du conseil d'administration sur l'agression russe contre l'Ukraine, du 25 février ; pour la Société française pour le droit international (SFDI), le communiqué de la SFDI du même jour sur l'agression de l'Ukraine par la Fédération de Russie ; et pour l'American Society of International Law, la déclaration de la présidente du 23 février.

18. CIJ, ordonnance, 16 mars 2022, *Allégations de génocide au titre de la convention pour la prévention et la répression du crime de génocide (Ukraine c. Fédération de Russie)*, par. 75.

19. Article 92 de la Charte des Nations unies.

20. Ordonnance du 16 mars 2022, préc. note 18, par. 59 ; v. aussi ci-dessous le passage correspondant à la note 109.

21. Le 24 février à la mi-journée, la police ukrainienne a indiqué avoir comptabilisé 203 attaques de la Russie depuis le début de l'offensive lancée par Moscou au petit matin (*Les Échos*, 24 février 2021). Le même jour, selon l'agence russe RIA, le ministère russe de la Défense a annoncé la destruction de 74 infrastructures militaires en Ukraine, dont 11 aérodromes.

22. Malgré le repli des troupes russes et leur concentration sur le flanc est à partir de la fin mars 2022, il ne peut être exclu que la Russie lance de nouvelles offensives de grande ampleur pour s'emparer de Kiev. Des rumeurs insistantes en font état au moment où ces lignes sont écrites (début mars 2023).

23. V. « Speech by the President of Ukraine in the Chamber of Deputies of Luxembourg », site internet officiel du président de l'Ukraine, 2 juin 2022.

24. V. *infra*, pp. 68-69.

25. V. « Telephone conversation with German Chancellor Olaf Scholz », site internet officiel du Kremlin, 2 décembre 2022.

26. V. *infra*, p. 109-110.

27. « Russian Aviation Gains Air Superiority over Entire Ukraine – Defense Ministry », dépêche de l'agence Tass, 28 février 2022.

28. V. *supra* p. 52 en ce qui concerne l'occupation temporaire de l'aéroport d'Hostomel en février 2022 ; de même, le porte-parole du ministère russe de la Défense a déclaré le 6 mars 2022 que « l'aérodrome militaire ukrainien de Starokonstantinovo a été neutralisé par des armes de haute précision » (dépêche de l'agence Tass, 6 mars 2022) ; la base militaire de Iavoriv a fait l'objet d'un bombardement le 13 mars 2022 (« Le bombardement de la base de Iavoriv, sévère avertissement pour les Occidentaux », *Le Monde*, 14 mars 2022) ; l'aéroport de Dnipro, dans l'est de l'Ukraine a été bombardé à plusieurs reprises par les forces russes, notamment en avril 2022 ; celui d'Odessa l'a été le 30 avril 2022, (« la piste de l'aéroport d'Odessa détruite après une frappe russe, les combats se concentrent sur le Sud et l'Est », *Le Monde*, 1er mai 2022.

29. V. *infra*, pp. 114-115 et p. 118.

30. V. par exemple le rapport de l'ONG International Rescue Committee (IRC) du 18 mai 2022 sur les conséquences du blocus sur la sécurité alimentaire dans les pays pauvres ou Louis Dubar, « Guerre en Ukraine : comprendre le blocus de la mer Noire », article faisant état d'un discours de V. Zelensky du 5 juin 2022, dénonçant le blocus et ses conséquences (Public Sénat, 14 juin 2022).

31. Le 14 avril 2022, les Ukrainiens ont coulé le *Moskva*, « navire amiral » russe en mer noire. Le 10 janvier 2023, ils ont coulé un navire de patrouille russe sur le Dniepr.

32. V. l'« Initiative sur la sécurité du transport des céréales et des denrées alimentaires à partir des ports ukrainiens » à laquelle sont parties la Turquie, la Russie et l'Ukraine.

33. Dépêche du 14 août 2022 – traduit de l'anglais.

34. Le statut juridique des mercenaires est défini dans l'article 47 du Protocole additionnel I, de 1977, aux Conventions de Genève de 1949, repris et complété par la Convention de 1989, peu ratifiée, contre le recrutement, l'utilisation, le financement et l'instruction de mercenaires.

35. V. des extraits du discours et des images de mobilisation sur la chaine Al Jazeera, 26 février 2022.

36. V. « Meeting with permanent members of Security Council », site internet officiel du Kremlin, 11 mars 2022.

37. András Rácz, « Band of Brothers : The Wagner Group and the Russian State », publié par le Center for International and Strategic Studies, le 21 septembre 2020.

38. V. par exemple : « Guerre en Ukraine : pourquoi le torchon brûle entre le groupe paramilitaire Wagner et l'armée russe », francetvinfo.fr, 22 février 2023.

39. « Wagner Group Becomes Legal Entity in Russia », *Moscow Times*, 17 janvier 2023.

40. V. Treasury Sanctions Russian Proxy Wagner Group as a Transnational Criminal Organization, 26 janvier 2023.

41. Traduction de l'anglais.

42. Arrêt préc. du 27 juin 1986, note 8, pp. 103-104, par. 195.

43. V. Greetings on Defender of the Fatherland Day, site internet officiel du Kremlin, 23 février 2022 – traduction *Les Échos*, 23 février 2022.

44. V. Allocution et réponses aux questions de Sergueï Lavrov, Ministre des Affaires étrangères de la Fédération de Russie, lors d'une conférence de presse conjointe avec Sergueï Peressada, vice-ministre des Affaires étrangères de la République populaire de Donetsk, et Vladislav Deïnego, ministre des Affaires étrangères de la République populaire de Louhansk, à l'issue de leurs pourparlers, site internet officiel du ministère russe des Affaires étrangères, 25 février 2022.

45. *Ibid.*

46. V. le site internet officiel du Kremlin, 28 février 2022 « Telephone Conversation with President of France Emmanuel Macron » et 4 mars 2022, « Telephone Conversation with Federal Chancellor of Germany Olaf Scholz ».

47. Pour un discours plus récent de Vladimir Poutine en ce sens, v. « Ukraine War : Russia Demands Annexations Recognised Before Talks », BBC News, 2 décembre 2022 : v. aussi la conversation téléphonique du 5 janvier 2023 entre Vladimir Poutine et le président de la Turquie, Recep Tayyip Erdogan : « In view of President Erdogan's offer for Turkiye to mediate a political settlement to the conflict, Vladimir Putin again reaffirmed that Russia is open to a serious dialogue – under the condition that the Kiev authorities meet the clear demands that have been repeatedly laid out, and recognise the new territorial realities », site internet du Kremlin, 5 janvier 2023.

48. Discours du 21 février 2022, site internet officiel du Kremlin – notre traduction depuis l'anglais.

49. Déclaration du 30 septembre 2022, site internet officiel du Kremlin.

50. Déclaration du 27 octobre 2022, site internet officiel du Kremlin.

51. *Ibid.*

52. Discours du 21 février 2022, préc. note 48.

53. Discours du 24 février 2022, site internet officiel du Kremlin.

54. Fondation Robert Schuman, Transcription et traduction du documentaire : Crimée. Le retour à la Patrie (2015) [Partie 1/3] – Vidéo Dailymotion.

55. *Ibid.*

56. Discours du 18 mars 2014, site internet officiel du Kremlin.

57. Résolution 68/262, 27 mars 2014, *Intégrité territoriale de l'Ukraine.*

58. V. par exemple, parmi les analyses les plus sérieuses : Anne Lagerwall, « L'agression et l'annexion de la Crimée par la Fédération de Russie : Quels enseignements au sujet du droit international ? », *Questions de droit international*, 4 août 2014 ou Veronika Bílková, « The Use of Force by the Russia Federation in Crimea », *Zaörv*, vol. 75, 2015, pp. 27-50 ; Tom Grant, *Aggression against Ukraine : Territory, Responsibility, and International Law*, Palgrave Macmillan, 2015, p. 105 ; v. aussi : Alain Pellet, « Crimée : une invasion, un référendum, une sécession ? », *Le Monde*, 14 mars 2014.

59. Jugement précité, note 1, p. 197.

60. V. not. les documents relatifs à quatre réunions secrètes tenues autour de Hitler en 1937-1939, qui ont permis au TMI d'établir les « intentions belliqueuses » de certains accusés antérieurement au déclenchement de la guerre d'agression, jugement préc. note 1, p. 201.

61. Déclaration du 30 septembre 2022, préc. note 49.

62. District Court of The Hague, 17 novembre 2022, n° 09-748004/19, 09-748005/19, 09-748006/19, 09-748007/19.

63. Pour une description concise de la chronologie des faits pertinents, v. CrEDH, grande chambre, 30 novembre 2022, *Ukraine et Pays-Bas c. Russie*, requêtes n° 8019/16, 43800/14, 28525/20, pars. 47-93. V. aussi not. : Céline Marangé, « Radioscopie du conflit dans le Donbass », *Les Champs de Mars*, n° 29, 2017/1, pp. 13-29, ou Joëlle Trampert, « Possible Implications of the Dutch MH17 Judgment for the Netherlands Inter-State Case before the ECtHR », *Ejil : Talk !*, 12 décembre 2022.

64. Arrêt préc. de la CrEDH, par. 695 ; v. aussi les pars. 611 à 689.

65. Dans ce même arrêt la CrEDH a relevé les similitudes entre le *modus operandi* suivi en Crimée et celui suivi dans le Donbass (par. 589).

66. V. le dossier « Comprendre la situation en Ukraine depuis 2014 » sur le site de France diplomatie (mis à jour le 3 juin 2022).

67. V. Richard Balmforth, Pavel Polityu, « Ukraine President Accuses Russian Soldiers of Backing Rebel Thrust », dépêche de l'agence Reuters, 28 août 2014.

68. District Court of The Hague, jugement préc. note 62.

69. Cet objectif a été endossé par la résolution 2202 (2015) du Conseil de sécurité des Nations unies du 17 février 2015.

70. V. par ex. Céline Marangé, *op. cit.* note 63 ; Mathieu Boulègue, « La guerre dans le Donbass trois ans après les accords de Minsk 2 », *Revue Défense nationale*, n° 809, 2018/4, pp. 107-112 ; David R. Marples (ed.), *The War in Ukraine's Donbas : Origins, Contexts, and the Future*, Budapest/New York, Central European University Press, 2022, 236 p.

71. Les grandes étapes de ces affrontements sont (i) les offensives russes de mars-avril 2022 qui permettent l'occupation des principales villes du Donbass (dont d'intenses bombardements sur Kharkiv, deuxième plus grande ville d'Ukraine) jusqu'à la « pause opérationnelle » des 4-16 juillet ordonnée par Vladimir Poutine ; (ii) la contre-offensive ukrainienne d'août-septembre 2022 qui permet la récupération par l'Ukraine de territoires importants ; et (iii) la relative stabilisation du

front marquée par la reprise de quelques localités par l'armée russe à compter de novembre 2022.

72. Selon les résultats officiels communiqués par l'agence de presse russe Tass, les votes en faveur du rattachement à la Russie ont été les suivants : Donetsk : 99,3 %, Louhansk : 98, 4 %, Kherson : 87 % et Zaporijia : 93,1 %. (v. « Guerre en Ukraine, en direct : les référendums d'annexion contestés par plusieurs pays dès l'annonce des premiers résultats », *Le Monde*, 27 septembre 2022). *Le Monde* s'appuie sur les informations relayées par des agences de presse russes qui communiquent les résultats donnés par les autorités locales de Donetsk, Louhansk, Kherson, Zaporijia (v. not. la dépêche de Tass du 28 septembre 2022, « Majority of Voters in Donbass, Zaporozhye, Kherson Regions Opt to Join Russia »).

73. Pas davantage que celui avec la Crimée, ces « traités » d'accession n'ont été publiés au *Recueil des traités des Nations unies*, comme ils l'auraient dû s'il s'était agi d'accords juridiquement valides (article 102 de la Charte).

74. Par sa résolution ES-11/6 du 23 février 2023 (préc. chapitre I, note 3), l'Assemblée générale a réaffirmé « que nulle acquisition territoriale résultant de la menace ou de l'emploi de la force ne sera reconnue comme légale ».

75. Discours du 24 février 2022, préc. note 53.

76. Discours du 21 février 2022, préc. note 48 – traduit de l'anglais.

77. V. par exemple sa déclaration du 21 septembre 2022, site internet officiel du Kremlin, 21 septembre 2022.

78. « Interview à l'agence de presse TASS sur le bilan de 2022 : « L'ennemi connaît bien nos propositions sur la démilitarisation et la dénazification des territoires contrôlés par le régime… Il ne reste qu'à les mettre en œuvre de son plein gré. Sinon, ce problème sera réglé par l'armée russe » – traduit de l'anglais.

79. Sur BFMtv (« Ukraine : Piotr Tolstoï, vice-président de la Douma, affirme que la guerre dure "à cause de l'aide européenne" »). V. aussi les exemples donnés – avec des renvois vers des publications en russe dans des médias contrôlés par le gouvernement russe par Francine Hirsch, « "De-Ukrainization" Is Genocide – Biden Was Right to Sound the Alarm », *The Hill*, 14 avril 2922.

80. Discours du 30 septembre 2022, préc. note 49.

81. Un projet de résolution déplorant « l'agression » contre l'Ukraine présenté par les États-Unis et l'Albanie a été rejeté le

25 février 2022, après avoir reçu 11 votes pour, 1 contre (Russie) et trois abstentions (Chine, Inde et Émirats arabes unis). La Russie a, à nouveau, opposé son veto à un projet de résolution condamnant l'annexion de territoires ukrainiens le 30 septembre 2022.

82. Vladimir Poutine s'est expressément référé à l'article 51 de la Charte dans son discours du 24 février 2022, cité *infra*.

83. Discours préc. note 48 – traduction de l'anglais. D'autres extraits de ce discours figurent à l'annexe n° 12.

84. Discours préc. note 53 – d'autres extraits de ce discours figurent à l'annexe n° 13.

85. V. Conseil de sécurité, lettre datée du 24 février 2022, adressée au Secrétaire général par le Représentant permanent de la Fédération de Russie auprès de l'Organisation des Nations unies, document S/2022/154.

86. Déclaration préc. note 77.. L'ambiguïté devient plus grande encore dans les déclarations ultérieures de Vladimir Poutine, dans lesquelles la protection des populations des territoires est présentée comme la principale justification de l'attaque armée (v. par exemple « L'allocution à la nation pour le nouvel an », site internet officiel du Kremlin, 31 décembre 2022, ou la conversation avec le président de la Turquie, Recep Tayyip Erdogan, du 5 janvier 2023, *ibid.*).

87. V. par ex. « Discours de Vladimir Poutine », site internet officiel du Kremlin, 18 mars 2014.

88. Jeff Neal, « There Was No Promise Not to Enlarge NATO », *Harvard Law Today*, 16 mars 2022.

89. Interview de M. Gorbatchev, « Mikhail Gorbachev : I Am Against All Walls », *Russia Beyond*, 16 octobre 2014 ; v. aussi : Steven Pifer, « Did NATO Promise Not to Enlarge ? Gorbachev Says "No" », *Brookings*, 6 novembre 2014.

90. V. par exemple, Mark Kramer, « The Myth of a No-NATO-Enlargement Pledge to Russia », *The Washington Quarterly*, avril 2019, pp. 39-61. V. aussi Charles Thibout, « L'élargissement de l'OTAN et la Russie : promesse tenue ? », Institut de relations internationales et stratégiques (IRIS), tribune, 21 décembre.

91. Sur les relations entre l'Ukraine et l'OTAN (avant l'invasion du 24 février 2022) v. not. les indications données sur le site internet officiel de l'organisation (« Relations avec l'Ukraine », mise à jour 11 novembre 2022).

92. V. Interfax Ukraine, « Zelensky Endorses Ukraine's Military Security Strategy », *Kyiv Post*, 26 mars 2021 ; Maciej Zaniewicz,

« Ukraine's New Military Security Strategy », *The Polish Institute of International Affairs* (PISM), 5 mai 2021.

93. Il en va de même d'un tweet du ministre des Affaires étrangères ukrainien, Dmytro Kuleba, du 11 mars 2021, dont il est parfois fait état, qui ne précise ni la date, ni les moyens de procéder à la récupération de la Crimée.

94. V. par exemple une déclaration du 15 avril 2021 de l'ambassadeur d'Ukraine en Allemagne, Andrij Melnyk, à la radio allemande Deutschlandfunk – traduction française de larges extraits : Laurent Lagneau, « L'Ukraine envisagerait de redevenir une puissance nucléaire en cas d'un refus de son adhésion à l'OTAN », *Zone militaire,* 16 avril 2021. Le 20 février 2022, le ministre ukrainien des Affaires étrangères, Dmytro Kuleba, a regretté, lors d'une interview sur la chaîne de télévision CBS, que son pays ait renoncé à l'arme nucléaire.

95. Arrêt préc. du 27 juin 1986, note 8.

96. Discours du 1er septembre 1939 (disponible en anglais sur le site de l'Avalon Project de la Yale Law School – traduction non officielle).

97. Discours du 29 novembre 1939 (disponible en anglais sur *Moscow News*, 4 décembre, 1939).

98. Discours du 17 mars 2003, traduction française sur le site de l'École de politique appliquée, Faculté des lettres et sciences humaines, Université de Sherbrooke, « Guerre en Irak : justification de l'intervention américaine ».

99. Jugement préc. note 1, p. 114 ; sur l'agression contre l'URSS, v. la justification plus prudente mais dans le même sens, p. 226.

100. *Ibid.*, p. 217 – v. l'affaire de *La Caroline*, (États-Unis c. Royaume-Uni), *Moore's Digest of International Law*, vol. 11, p. 412.

101. V. les arrêts préc. note 8, arrêt de 1986, p. 122, par. 237 et arrêt de 2005, p. 223, par. 147.

102. Pour cette raison, la Cour mondiale a rejeté, dans une affaire récente l'accusation formulée par l'Ouganda pour justifier son intervention en RDC : « alors que l'Ouganda prétend avoir agi en état de légitime défense, il n'a jamais soutenu avoir été l'objet d'une agression de la part des forces armées de la RDC » (arrêt préc., p. 222, par. 146).

103. *Ibid.*, pp. 223-224, par. 148.

104. V. not. le rapport du Groupe de personnalités de haut niveau sur les menaces, les défis et le changement constitué au sein des Nations unies intitulé : « Un monde plus sûr : notre affaire à tous », 2 décembre 2004, A/59/565*, pars. 188 et s. ; ou la résolution de

l'IDI, dixième commission, problèmes actuels du recours à la force en droit international, A. Légitime défense, 27 octobre 2007, Session de Santiago – 2007.

105. Discours du 21 février 2022, préc. note 48.

106. Discours du 24 février 2022, préc. note 53 ; v. aussi les déclarations de dirigeants russes, y compris Vladimir Poutine cités par Francine Hirsch, article préc. note 79.

107. CIJ, Requête introductive d'instance, 26 février 2022, *Allégations de génocide au titre de la convention pour la prévention et la répression du crime de génocide (Ukraine c. Fédération de Russie)*, par. 30.

108. CIJ, Ordonnance préc. note 18, par. 86.

109. *Ibid.*, par. 33.

110. *Ibid.*, par. 59.

111. Arrêt préc. note 8, p. 134, par. 268.

112. CIJ, arrêt, 9 avril 1949, *Affaire du détroit de Corfou (Royaume-Uni de Grande-Bretagne et d'Irlande du Nord c. Albanie)*, fond, *CIJ Recueil 1949*, p. 35.

113. V. « Federation Council Gives Consent to Use the Russian Armed Forces Outside of the Russian Federation », site internet officiel du Conseil fédéral, 22 février 2022.

114. « Federation Council Speaker Valentina Matvienko Has Commented on the Special Military Operation Launched in Connection of the Situation in Donbass » – traduction de l'anglais.

115. V. par ex. le compte rendu, sur le site internet officiel du Kremlin, d'un entretien avec le président Macron le 3 mars 2022 et une adresse du même jour aux membres permanents du Conseil de sécurité dans lesquels Vladimir Poutine se félicite, non sans un certain optimisme, que l'opération se déroule « conformément au plan ».

116. Réunion avec le ministre et le ministre adjoint de la Défense, site internet officiel du Kremlin, 27 février 2022 – traduit de l'anglais.

117. « Meeting with Defence Minister Sergei Shoigu », site internet officiel du Kremlin, 21 avril 2022.

118. Entretien avec le ministre de la Défense, site internet officiel du Kremlin, 4 juillet 2022.

119. « Executive Order on Partial Mobilisation in the Russian Federation », site internet officiel du Kremlin, 21 septembre 2022 ; v. aussi le discours prononcé à cette occasion, *ibid.*

120. « Visit to Military Training Ground in Ryazan Region », site internet officiel du Kremlin, 20 octobre 2022 – traduit de l'anglais.

121. Réunion avec le ministre de la Défense, site internet officiel du Kremlin, 28 octobre 2022 – traduit de l'anglais.

122. « President's Instructions to Russian Federation Armed Forces », site internet officiel du Kremlin, 5 janvier 2023 – traduit de l'anglais.

123. Points 4 et 5 des Éléments des crimes relatifs au crime d'agression.

124. Déclaration de M. António Guterres, Secrétaire général de l'ONU, 21 février 2022, SG/SM/21149 ; v. aussi le point de presse du 22 février.

125. V. la déclaration commune de l'OSCE sur la reconnaissance par la Russie de certaines zones des régions ukrainiennes de Donetsk et de Louhansk du 21 février 2022 et la déclaration des présidents de la Commission européenne et du Conseil européen au sujet de l'agression russe contre l'Ukraine, 22 février 2022. V. aussi *supra*, les notes 12 et 15 à 17 renvoyant à de très nombreuses déclarations condamnant l'agression contre l'Ukraine, adoptées très rapidement après son déclenchement.

# III

# Les crimes de guerre et les crimes contre l'humanité

## A. Les crimes de guerre

Depuis plus d'une année maintenant, il n'est pas de jour sans que les organes de presse les plus divers fassent état de la conduite des forces russes sur le territoire ukrainien. Des images terribles, corroborées par les récits de correspondants de guerre, des articles documentés nous ont fait, pour certains, redécouvrir ou, pour d'autres, découvrir quotidiennement, ce que ne devrait pas être la guerre. La notion de « crimes de guerre » qui n'était pour la plupart qu'une abstraction relevant d'un passé révolu est devenue familière à l'ensemble des Français.

Dès lors qu'était commise une agression condamnable[1], il était malheureusement imaginable que seraient commis des crimes de guerre, voire des crimes contre l'humanité, et cela, rappelons-le, bien que Vladimir Poutine ait longtemps contesté l'existence même d'une guerre en s'obstinant à ne parler que d'une « opération militaire spéciale[2] ».

Pourtant, depuis le jugement du tribunal de Nuremberg du 1er octobre 1946, ces crimes, qui touchent au fondement même de notre société, sont unanimement prohibés. Mandatée par l'Assemblée générale des Nations unies, la Commission du droit international, qui est son principal organe subsidiaire chargé du développement progressif et de la codification du droit international, a adopté en 1996 un projet de Code des crimes contre la paix et la sécurité de l'humanité, qui incrimine notamment l'agression, le génocide, les crimes contre l'humanité et les crimes de guerre. À la même époque, et pour ne citer qu'eux, les statuts du Tribunal pénal international pour l'ex-Yougoslavie (résolution 827 du Conseil de sécurité des Nations unies du 25 mai 1993), du Tribunal pénal international pour le Rwanda (résolution 955 du 8 novembre 1994), de la CPI (Statut de Rome du 17 juillet 1998) et la jurisprudence de ces trois juridictions ont encore précisé la définition et la portée des incriminations de crimes de guerre et de crimes contre l'humanité. Nul ne peut aujourd'hui prétendre ignorer l'extrême gravité de ces crimes qui soulèvent une réprobation unanime et l'absolue nécessité de les prévenir et de les réprimer s'il s'en commet.

Dès lors, s'agissant du conflit russo-ukrainien, plusieurs questions se posent d'emblée : quel a été et quel est encore aujourd'hui le comportement des troupes russes envoyées en Ukraine ? Quel était leur état d'esprit au début du conflit et quelles instructions, officielles ou officieuses, avaient-elles reçues ? Leur avait-on rappelé, au plus haut niveau des instances politiques et militaires, la protection à laquelle ont droit les populations civiles au cours d'un conflit ? En d'autres termes, l'absolue prohibition des crimes de guerre et des crimes contre l'humanité avait-elle fait l'objet de directives, s'est-on assuré de leur respect et a-t-on sanctionné les manquements constatés comme le prescrivent les conventions de Genève du 12 août 1949 auxquelles la Fédération de Russie est partie et qui, au demeurant, s'imposent à tous les États au titre du droit international coutumier[3].

Au vu des constatations qu'ont opérées sur place plusieurs organismes ou intervenants s'étant rendus en Ukraine dès le début des hostilités comme des témoignages et des éléments de preuve qu'ils ont pu recueillir, un certain nombre de réponses, concordantes et complémentaires, ont déjà pu être apportées à ces différentes questions. Elles ne sauraient avoir la même force que des preuves judiciairement réunies, mais elles méritent d'être prises en considération. Ces réponses figurent notamment dans les rapports des commissions d'enquête ordonnées par les Nations unies, tout particulièrement par le Conseil des droits de l'homme et le Haut-Commissariat aux droits de l'homme.

Ainsi, en ce qui concerne le Conseil des droits de l'homme, la commission d'enquête internationale indépendante sur l'Ukraine a constaté dans un premier rapport publié au mois de septembre 2022, dans lequel elle a tenu à souligner son indépendance, l'existence de crimes de guerre et de nombreuses violations du droit international humanitaire. Tel fut le cas à Boutcha, ville située à une trentaine de kilomètres au nord-ouest de Kiev, où ont été commis d'emblée, dès le début des hostilités, des exécutions sommaires de militaires et de civils et où ont été découverts, dans de vastes charniers, des personnes ayant les mains liées dans le dos et ayant reçu une balle dans la nuque. Ces constats, dûment documentés, ont été faits sur la base d'entretiens avec des victimes et de rencontres avec des représentants d'autorités gouvernementales, d'organisations internationales, de la société civile et d'autres acteurs concernés, ainsi qu'au vu de diverses informations publiées dans des rapports établis par d'autres organismes dont il va être à présent question ainsi que par les médias[4].

S'agissant du Haut-Commissariat aux droits de l'homme, une Mission de surveillance des droits de l'homme en Ukraine avait été créée dès 2014 à la suite de l'annexion illicite de la Crimée, à la demande du gouvernement ukrainien. Depuis février 2022, cette Mission publie des rapports mensuels sur les victimes du conflit[5]. En outre, se fondant sur les enquêtes de cette Mission, toutes établies sur la base de sources diversifiées, le Haut-Commissariat a rendu public plusieurs rapports spécifiques sur les exactions commises dans ce pays[6].

Des réponses similaires ont été apportées dans des rapports rédigés par des groupes d'experts constitués par l'Organisation pour la sécurité et la coopération en Europe (OSCE)[7].

Des constatations de même nature ont également été effectuées dans les enquêtes et rapports rédigés, au terme des investigations qu'elles ont aussitôt entreprises, par des organisations non gouvernementales telles que Human Rights Watch[8] ou Amnesty International[9].

Et c'est dans le même sens que concluent les constatations faites par de nombreux reporters de guerre comme les déclarations qu'ils ont recueillies auprès des habitants des localités encerclées par les forces armées russes ou victimes de leurs exactions.

De l'ensemble des informations ainsi réunies il résulte l'existence d'agissements caractérisant des crimes de guerre.

Par ailleurs, une initiative prise par l'Assemblée générale des Nations unies, et suivie par le Conseil de l'Europe, devrait faciliter la recherche des crimes commis en Ukraine ainsi que leur réparation. Par sa résolution ES-11/5, l'Assemblée a en effet recommandé « que les États membres créent, en coopération avec l'Ukraine, un Registre international des dommages qui servira à recenser, documents à l'appui, les éléments tendant à établir les dommages, pertes ou préjudices causés à toute personne physique et morale concernée et à l'État ukrainien par les faits internationalement illicites commis par la Fédération de Russie en Ukraine et les informations figurant dans les réclamations faites à cet égard ainsi qu'à favoriser le recueil des preuves ».

Si la nature et la forme du mécanisme d'indemnisation doivent être encore précisées, l'urgence de la mise en place du Registre est largement admise, car il s'impose de sécuriser les preuves et de privilégier une approche permettant d'offrir aux victimes des possibilités de réparation rapide.

Le Registre pourrait ainsi recevoir des requêtes en enregistrement de dommages émanant 1) de personnes physiques victimes de crimes de guerre, notamment de déplacement forcés, de violences sexuelles, de meurtres ou de blessures, de pertes ou de dommages de leurs biens liés au conflit ; 2) d'entités juridiques : sociétés privées, ONG ou congrégations religieuses ; 3) d'entités liées à l'État ou contrôlées par celui-ci : entreprises du secteur public, entités municipales ; 4) enfin de l'État ukrainien lui-même pour les dommages causés à l'État aux infrastructures publiques, à l'environnement, etc.[10].

Parallèlement, différentes instances compétentes sur le plan pénal ont également été saisies. Les enquêtes ordonnées par le procureur général d'Ukraine ont, dès le mois de mai 2022, donné lieu, à Solomianskyi et Kotelva, aux premières condamnations de militaires russes pour « crimes de guerre » au terme de procès conduits rapidement mais contradictoirement. La condamnation prononcée le 19 mai 2022 concernait un militaire russe accusé d'avoir abattu en pleine rue avec une kalachnikov un civil non armé. D'autres condamnations ont été prononcées à Poltava le 24 décembre 2022, pour des faits de torture, contre quatre membres d'une unité des forces spéciales de l'armée russe ayant plaidé coupable[11]. Il leur était notamment reproché, après les avoir menottées et leur avoir placé un sac sur la tête, d'avoir détenu les personnes qu'ils avaient capturées dans une fosse de trois mètres sur trois creusée dans le sol sans nourriture ni eau en quantité suffisante avant de les relâcher. Des coups de marteau leur avaient été donnés sur les bras et les jambes, et la menace de leur couper des doigts avait également été proférée pour obtenir des informations.

Ces procès semblaient reposer sur des preuves raisonnablement solides à partir desquelles il convient toutefois de n'extrapoler qu'avec prudence, surtout s'il s'agit de remonter la chaîne des responsabilités jusqu'au chef de l'État russe. Il convient de souligner que le procureur général d'Ukraine a créé un site spécialisé pour documenter les crimes de guerre qui se commettent[12].

Pour sa part, Karim A.A. Khan, le procureur de la Cour pénale internationale, a, lui aussi, très vite décidé de diligenter des enquêtes qui sont en cours et dont les résultats n'ont jusqu'ici fait l'objet d'aucune communication, sous réserve de l'annonce, faite le 15 mars 2023, selon laquelle le procureur serait sur le point de demander la délivrance de deux mandats d'arrêt contre des personnes impliquées dans l'enlèvement présumé d'enfants ukrainiens. Dès le 17 mai 2022, il avait annoncé l'envoi en Ukraine d'une équipe « composée de 42 enquêteurs, experts en criminalistique et autre personnel d'appui ». Il a aussi précisé que ses enquêtes pourraient porter sur les crimes de guerre susceptibles d'avoir été commis par chacune des deux parties. Il demeure que les crimes de guerre qu'auraient éventuellement pu commettre des membres des forces armées ukrainiennes ne sauraient en aucun cas exonérer les auteurs russes de crimes de cette nature[13].

Des enquêtes ont également été engagées par les parquets de 21 tribunaux dont 14 tribunaux d'États membres de l'Union européenne ayant pour la plupart décidé de se saisir sur le fondement de la « compétence universelle » qui, cela a déjà été évoqué, permet à une juridiction nationale, sous certaines conditions et eu égard à la nature du crime commis, de poursuivre et juger des crimes de guerre commis à l'étranger par des ressortissants étrangers sur des personnes étrangères[14].

Il appartient à ces différents enquêteurs, qu'ils soient ukrainiens, internationaux ou nationaux, de réunir les éléments de preuve permettant de caractériser juridiquement ces crimes et de les imputer à ceux qui les ont personnellement commis, mais aussi à ceux qui, en toute connaissance de cause, les ont commis par l'intermédiaire d'une autre personne, ou les ont ordonnés, qui ont prêté assistance à ceux qui les ont commis, ou encore qui n'ont pas exercé le contrôle qu'ils devaient exercer sur ceux dont il a été établi qu'ils en commettaient[15].

Ce travail, rigoureux et qui doit se conformer à de strictes règles procédurales, est en cours et il demande du temps. Il suppose une étroite coordination entre les différents services d'enquête afin de préserver les éléments de preuve réunis et d'éviter toute forme de doublon qui irait à l'encontre de l'efficacité que l'on doit impérativement rechercher[16]. À cette fin, l'Agence de l'Union européenne pour la coopération judiciaire en matière pénale (Eurojust) a été habilitée pour favoriser cette coopération dans la collecte et la conservation des preuves de crimes de guerre. Des équipes communes d'enquête aptes à coordonner les investigations conduites par plusieurs pays ont été constituées sous son égide. Il convient par ailleurs de souligner à nouveau que les résultats des enquêtes qui se déroulent actuellement, que ce soit au plan international ou au niveau européen, n'ont jusqu'ici pas été rendues publiques.

Enfin, est-il enfin besoin de rappeler que c'était d'abord à la Fédération de Russie qu'il incombait, et qu'il revient encore aujourd'hui, de prévenir et de sanctionner les crimes de guerre commis pas ses forces armées et de le faire savoir ?... Or, sur ce point, le silence, depuis le début des hostilités, est assourdissant[17].

Toutefois, dès à présent, et quelle que soit la juridiction qui aura un jour à en connaître, il paraît acquis que nombre des agissements constatés et répertoriés depuis maintenant une année entrent dans les prévisions de l'article 8 du Statut de Rome, joint en annexe n° 6, qui constitue actuellement la disposition de référence en termes de définition des crimes de guerre

Si l'on s'arrête sur les termes de cet article 8, on constate que les actes commis dans le cadre des hostilités engagées le 24 février 2022 s'inscrivent étroitement dans le conflit armé international en cours. Au cas présent, l'existence d'un « conflit armé international » ne fait en effet aucun doute car l'agression militaire commise le 24 février 2022 et qui se poursuit depuis des mois est bien un acte de guerre commis contre un État étranger souverain. Il a déjà été souligné, mais il est important de le rappeler, que l'Assemblée générale des Nations unies, dans sa résolution ES-11/1 du 2 mars 2022, a demandé à la Fédération de Russie de cesser immédiatement l'emploi de la force contre l'Ukraine et de retirer ses forces du territoire ukrainien[18]. Elle a réitéré son exigence de retrait des troupes russes le 23 février 2023[19]. De même, dans une ordonnance du 16 mars 2022, rendue en urgence sur requête de l'Ukraine, la Cour internationale de justice a ordonné à la Russie de suspendre immédiatement les opérations militaires en cours depuis le 24 février 2022.

L'article 8 du Statut mentionne par ailleurs – et cette précision est essentielle – que les crimes commis doivent [s'inscrire] « dans le cadre d'un plan ou d'une politique ou [faire partie] d'une série de crimes analogues commis sur une grande échelle[20] ». Il donne également une liste des « infractions graves aux Conventions de Genève » du 12 août 1949 – qui dictent les règles de conduite à adopter en période de conflit armé – auxquelles la Russie et l'Ukraine sont l'une et l'autre parties et il énumère les « autres violations graves des lois et coutumes applicables aux conflits armés internationaux dans le cadre établi du droit international ».

### *Les « infractions graves aux Conventions de Genève » ?*

Il s'agit d'actes commis sur des personnes ou des biens protégés par ces conventions : militaires, prisonniers et bien sûr civils tels que des homicides intentionnels ; des tortures ou des traitements inhumains. Ou encore le fait de causer intentionnellement de grandes souffrances ou de porter gravement atteinte à l'intégrité physique ou à la santé ; la destruction et l'appropriation de biens non justifiées par des nécessités militaires et exécutées sur une grande échelle de façon illicite et arbitraire ; le fait de priver intentionnellement un prisonnier de guerre ou toute autre personne protégée de son droit d'être jugé régulièrement et impartialement ; la déportation ou le transfert illégal ou la détention illégale.

### *Les « autres violations graves des lois et coutumes applicables aux conflits armés internationaux » ?*

Le Statut énumère un certain nombre d'actes et de comportements qui correspondent à ce que constatent tous ceux qui, sur le territoire ukrainien, sont victimes, depuis des mois, d'agissements commis par les forces russes et celles qui, telles les forces tchétchènes ou les milices Wagner[21], dont le président Poutine a sollicité le concours, s'y sont étroitement associées.

Ainsi est-ce notamment le cas des attaques dirigées intentionnellement contre la population civile en tant que telle ou contre des civils qui ne participent pas directement aux hostilités ; des attaques dirigées intentionnellement contre des biens de caractère civil qui ne sont pas des objectifs militaires ; des bombardements, par quelque moyen que ce soit, de villes, villages, habitations ou bâtiments qui ne sont pas défendus et qui ne sont pas des objectifs militaires ; des dommages aux biens de caractère civil qui seraient manifestement excessifs par rapport à l'ensemble de l'avantage militaire concret et direct attendu ; des attaques dirigées intentionnellement contre des bâtiments consacrés à l'enseignement, à l'art, à la science, des hôpitaux et des lieux où des malades et des blessés sont rassemblés, à condition qu'ils ne soient pas des objectifs militaires ; des transferts de population hors du territoire occupé ; des exécutions sommaires, des traitements humiliants et dégradants, des détentions illégales, des viols, des pillages de villes ou de localités même prises d'assaut…

Or, dès à présent, on ne peut que constater que les bombardements de grande ampleur, répétés et systématiques, d'immeubles d'habitation, édifiés au cœur de villes, elles-mêmes situées en plusieurs points du territoire ukrainien et n'abritant pas d'installations militaires clairement identifiées[22], s'inscrivent sans contestation possible « dans le cadre d'un plan ou d'une politique » ou encore « font partie d'une série de crimes analogues commis sur une grande échelle » au sens de l'article 8-1 du Statut de Rome. Ce fut notamment le cas à Boutcha, Irpin, Tchernihiv, Kharkiv, Soumy, Kherson, Mykolaïv, Zaporijia, Marioupol, Izioum et, tout récemment encore, à Kherson et Dnipro. Ce fut encore le cas dans l'ouest de l'Ukraine au cours des derniers jours du mois de décembre 2022, et de nouveau au mois de mars 2023.

Et il en va de même des bombardements d'hôpitaux, en particulier à Tchernihiv, Kharkiv, Vilniansk, qui frappent des personnes vulnérables et le personnel soignant, si indispensable en temps de guerre, mais aussi d'écoles dont – ce qui est intolérable – ne peuvent qu'être victimes des enfants[23], de théâtres, devenus lieux de refuge, tel celui de Marioupol, où s'étaient regroupés des centaines de personnes civiles et dont les images ont impressionné et scandalisé, de centres commerciaux, de gares, comme à Kramatorsk[24] le 8 avril 2022, vers 10 h 24, où se pressaient des files de femmes et d'enfants cherchant à quitter l'Ukraine qui ont été frappés par des missiles à sous-fragmentation, de l'encerclement de villes ne pouvant que conduire à la mort de leurs occupants ou de leurs habitants, de la découverte, dans des charniers, de cadavres, les mains liées dans le dos, ayant été victimes de tortures et d'exécutions sommaires, ou encore, comme à Izioum, de cadavres gravement brûlés[25], des témoignages de personnes civiles déclarant avoir subi des traitements inhumains et dégradants lors d'interrogatoires, des transferts de population, en particulier d'enfants, opérés depuis les provinces de l'est de l'Ukraine en direction de la Russie et sur lesquels nous reviendrons en examinant les crimes contre l'humanité commis de ce chef.

En outre, lors de propos tenus le 1er février 2023 à Washington, notamment à l'université de droit de Georgetown, le procureur général d'Ukraine, Andriy Kostin, se fondant sur des chiffres communiqués par les autorités régionales, a déclaré que 65 000 crimes de guerre auraient été commis par l'armée russe depuis le 24 février 2022. Il a une nouvelle fois fait état de bombardements aveugles de populations civiles, d'homicides intentionnels, d'actes de torture, de violences sexuelles, de pillages et de déplacements forcés. Il a parlé de la découverte de fosses communes dans les villes libérées par l'armée ukrainienne. Il a enfin ajouté que près de 75 000 bâtiments, publics ou privés, avaient jusqu'ici été réduits en ruines[26]. Le 28 janvier 2023, lors d'une réunion des ministres de l'Intérieur de l'Union européenne, le commissaire européen à la justice, Didier Reynders, avait, lui aussi, avancé ce chiffre de 65 000 crimes de guerre.

Une nouvelle fois, les auteurs du présent ouvrage ont parfaitement conscience de ne pas disposer de l'ensemble des éléments de preuve que réunissent les enquêteurs déployés depuis des mois sur le terrain des hostilités, car ils ne sont pas encore rendus publics. Ils savent aussi que, dans la procédure de *common law* fréquemment mise en œuvre et qui inspire largement les normes applicables devant les juridictions pénales internationales, la présentation de ces éléments de preuve est strictement réglementée, que les juges se montrent très exigeants pour « admettre » les preuves qui leur sont produites et qu'il faudra identifier avec précision les crimes qui ont été commis en mentionnant notamment la date et le lieu des faits ainsi que l'identité des victimes. Ils n'ignorent pas non plus que ce sera au procureur qu'il incombera de préciser, au vu de l'analyse de toutes les preuves, si elles sont « suffisantes[27] » pour justifier le renvoi des accusés identifiés et, tout particulièrement de Vladimir Poutine, devant le tribunal ou la cour qui seront saisis. Enfin, ils savent aussi que, pour condamner, les juges appelés à se prononcer devront, dans la tradition anglo-saxonne, être convaincus « au-delà de tout doute raisonnable », ce qui implique un niveau et une qualité de preuve très élevés.

Il demeure que, d'une part, les constatations effectuées sur les lieux et les nombreux témoignages déjà recueillis, qu'ils émanent de victimes ou de témoins entendus, sur place où dans les pays où ils ont trouvé refuge, ou encore de tiers (membres d'ONG, journalistes, reporters de guerre) ayant notamment assisté à l'ouverture de fosses communes, d'autre part, mais avec la prudence qui doit être de mise dès lors qu'il s'agit de l'une des parties au conflit, les déclarations faites, en particulier par les autorités judiciaires ukrainiennes, permettent de considérer que l'existence de crimes de guerre, tels qu'ils sont définis par le Statut de Rome, dépasse aujourd'hui le simple stade de l'hypothèse : elle est d'ores et déjà évidente, elle s'impose.

## B. Les crimes contre l'humanité

Indépendamment des crimes de guerre, il paraît acquis que les forces engagées ont également commis depuis le 24 février 2022 des actes constitutifs de crimes contre l'humanité, les mêmes faits pouvant caractériser l'un ou l'autre de ces deux crimes. À défaut d'avoir actuellement accès à tous les éléments de preuve collectés, il convient, là encore, de se fonder sur les constatations effectuées sur place par nombre de témoins et d'intervenants ainsi que sur les rapports, répondant à de strictes conditions d'élaboration, rédigés par les organisations non gouvernementales citées plus haut.

Un bref rappel juridique est ici indispensable. L'article 7 du Statut de Rome, joint en annexe n° 6, dispose que « on entend par crime contre l'humanité l'un quelconque des actes ci-après lorsqu'il est commis dans le cadre d'une attaque généralisée ou systématique lancée contre toute population civile et en connaissance de cette attaque ».

Il pourra s'agir de meurtres ; d'extermination ; de déportation ou du transfert forcé de population ; d'emprisonnement ou d'autres formes de privation grave de liberté physique en violation des dispositions fondamentales du droit international ; sont aussi concernés les faits de torture ; de viol ; de persécution de tout groupe ou de toute collectivité identifiable pour des motifs d'ordre politique, racial, national, ethnique, culturel, religieux ou sexiste… ; les disparitions forcées de personnes ; les autres actes inhumains de caractère analogue causant intentionnellement de grandes souffrances ou des atteintes graves à l'intégrité physique ou à la santé physique et mentale.

Autant de crimes qui, en prenant prioritairement pour cibles les civils, se distinguent des crimes de guerre par leur ampleur, leur systématisme, leur caractère particulièrement odieux, leur volonté d'attaquer l'homme en niant son humanité même. À cet égard, il faut se reporter au premier jugement rendu par le TPIY en 1996 dans l'affaire *Erdemović*. Les juges écrivent alors : « Les crimes contre l'humanité transcendent l'individu puisque, en attaquant l'homme, est visée, est niée l'Humanité. C'est l'identité de la victime, l'Humanité, qui marque la spécificité du crime contre l'humanité[28]. » Les crimes de guerre sont commis dans le cadre d'un conflit armé contre un sujet protégé par les conventions de Genève. Les crimes contre l'humanité, au-delà de celui qui en est victime, portent atteinte à toute l'humanité !

Ce même article 7.2 explicite ensuite chacun de ces crimes. À titre d'exemple, il est précisé que : « Par attaque contre une population civile on entend le comportement qui consiste en la commission multiple d'actes [ci-dessus énumérés] à l'encontre d'une population civile quelconque, en application ou dans la poursuite de la politique d'un État ou d'une organisation ayant pour but une telle attaque. »

Et cette explicitation est encore développée dans les « Éléments des crimes », document mis à la disposition des juges de la Cour pénale internationale, qui ajoutent, pour chaque crime, que « l'auteur savait que ce comportement faisait partie d'une attaque généralisé ou systématique dirigée contre une population civile ou entendait qu'il en fasse partie ».

Depuis des mois, les populations civiles ukrainiennes sont soumises à des attaques terrestres, aériennes et maritimes, pouvant être qualifiées de « généralisées et systématiques », dont tout porte à croire – et il en sera question plus bas – qu'elles sont délibérément dirigées contre elles. Elles visent de multiples bâtiments résidentiels et maisons individuelles, mais aussi des lieux (hôpitaux, maternités, gares, établissements d'enseignement ou culturels) dont la protection est considérée par toute nation civilisée comme essentielle[29]. Même si l'on ne dispose pas de chiffres précis et surtout définitifs, il n'est pas contestable que le nombre des victimes, qu'il s'agisse de morts ou de blessés, se comptent par milliers.

Ce sont aussi des millions d'Ukrainiens qui ont été contraints de se déplacer ou de quitter leur pays et de trouver refuge à l'étranger. Des transferts de populations, en particulier d'enfants, auxquels sont proposées des procédures rapides et simplifiées d'acquisition de la nationalité russe ont également été attestés par de nombreux témoins. Le procureur général d'Ukraine a pour sa part déclaré que plus de 14 000 enfants auraient été adoptés de force en Russie[30] ce qui contrevient en outre aux dispositions de deux conventions auxquelles la Fédération de Russie est pourtant partie : les articles 24 à 26 de la 4e Convention de Genève tendant à éviter la dispersion des familles et les articles 8 et 9 de la Convention relative aux droits de l'enfant du 20 novembre 1989, aux termes desquels l'identité de l'enfant doit être « préservée » et « l'enfant ne [doit] pas être séparé de ses parents contre leur gré ».

Aux dires des autorités russes, citées dans un article du *The Irish Time* du 14 février 2023, ces transferts seraient des mesures humanitaires visant à protéger les civils des risques du conflit, mais il apparaît que seule une minorité appartiendrait à la communauté soutenant la Fédération de Russie[31].

Aux termes d'un rapport produit dans le cadre des travaux de l'Observatoire des conflits soutenu par le

Département d'État américain et par le *Yale Humanitarian Research Lab*, le gouvernement russe « exploiterait un vaste réseau d'une dizaine de camps où il a détenu des milliers d'enfants ukrainiens depuis le début de la guerre ». 43 installations « s'étendraient d'un bout à l'autre de la Russie », leur objectif principal étant « la rééducation politique » voire, dans deux camps, une rééducation « spécifiquement militaire ». Les conditions dans lesquelles certains parents auraient donné leur accord doivent être examinées de très près car leur consentement était le plus souvent donné sous la contrainte et dans un contexte de guerre[32]. C'est ce dont fait aussi état Amnesty International dans un rapport du mois de novembre 2022, fondé sur de nombreux témoignages. De même, Human Rights Watch, mentionne dans un communiqué du 12 janvier 2023 que ces transferts massifs et forcés d'Ukrainiens l'ont été « parfois contre leur gré » ou « sans leur proposer de véritables choix[33] ». Il s'agit donc bien de transfert « forcé » au sens de l'article 7.1.d) du Statut de Rome. De tels agissements dont sont victimes des enfants sont inexcusables, et le procureur de la Cour pénale internationale, rappelons-le, serait précisément sur le point de demander la délivrance de mandats d'arrêt contre des personnes impliquées dans l'enlèvement présumé d'enfants ukrainiens.

À cet égard, il s'impose de citer également à nouveau le rapport établi le 18 octobre 2022 par la Commission d'enquête internationale indépendante sur l'Ukraine[34]. Se référant aux travaux du Haut-Commissariat aux droits de l'homme, il faisait état, à la date du 17 octobre 2022, de 6 306 tués, 9 602 blessés dont 1 237 civils et 112 enfants dans les quatre régions où la Commission a enquêté. Le nombre de morts et de blessés n'a cessé d'augmenter depuis cette date, et cette guerre n'est d'évidence pas encore achevée ! Il relève aussi qu'à la mi-octobre 2022 des millions de personnes avaient perdu leur logement et leurs moyens de subsistance et avaient été contraintes de fuir. Enfin, s'agissant des faits commis en février et mars 2022 dans les régions de Kiev, Tchernihiv, Kharkiv et Soumy, sur lesquelles portaient ses investigations et se fondant, sur un ensemble d'informations vérifiées, il énonce qu'il est « raisonnable de conclure » que :

« … Des engins explosifs à large rayon d'impact ont été utilisés sans répit dans des zones peuplées, faisant un grand nombre de morts et de blessés parmi les civils et dévastant des quartiers entiers. La Commission a recueilli des informations indiquant que des attaques avaient été menées sans discrimination au moyen d'armes à sous-munitions, de roquettes non guidées et de moyens aériens dans le cadre des opérations des forces armées russes visant à saisir des villes et de petites localités.

« L'utilisation de ces systèmes d'armes est hautement susceptible d'avoir des effets indiscriminés et de causer des préjudices importants à la population civile. Elle est en effet à l'origine de la plupart des décès vérifiés depuis le début des hostilités. Des bâtiments résidentiels, des écoles, des hôpitaux et d'autres éléments de l'infrastructure civile ont été endommagés ou détruits.

« La Commission a également constaté que les forces armées russes avaient tiré sur des civils qui tentaient de fuir et que, pendant la conduite des hostilités, les parties avaient déployé leurs moyens militaires et leurs contingents de manières qui avaient mis en danger les civils, en violation du droit international humanitaire.

« En outre, la Commission a recueilli des informations sur des cas répétés d'exécutions sommaires, de détentions illégales, d'actes de torture, de mauvais traitements et de viols ainsi que d'autres violences sexuelles dans les zones occupées par les forces armées russes, dans les quatre régions examinées. Des personnes ont été placées en détention, certaines ont été expulsées illégalement vers la Fédération de Russie, et de nombreuses personnes restent portées disparues. La violence sexuelle a touché des victimes de tous âges. Des victimes, y compris des enfants, étaient parfois forcées d'assister aux crimes.

« Des enfants ont été victimes de tous les types de violations sur lesquelles la Commission a enquêté, notamment d'attaques indiscriminées, de torture et de viols, et en subissent les conséquences psychologiques prévisibles.

« Ces violations continuent d'avoir des effets dévastateurs sur les victimes et les personnes rescapées... »

De tels agissements, qui ciblent les populations civiles, se sont constamment poursuivis en différents points du territoire ukrainien depuis le mois de mars 2022. Bien plus, les forces russes ont diversifié leurs attaques et les ont, notamment, systématiquement dirigées vers des centrales électriques et des sources d'approvisionnement énergétique. Ce faisant, elles exposent, sciemment et en période de grand froid, les civils ukrainiens à des risques vitaux. En privant de lumière, elles imposent aux populations civiles, et particulièrement aux enfants, une obscurité dont le caractère terriblement anxiogène n'a pas besoin d'être souligné. Elles perturbent le fonctionnement régulier des hôpitaux et l'accès aux soins. On a pu parler à ce sujet de terreur aveugle, de « terreur énergétique[35] ». Il s'agit là d'une forme d'attaque particulièrement intolérable contre les civils. Il n'en existe pas de précédents connus, en tout cas à cette échelle, Cette forme d'attaque aveugle, qui vise indistinctement enfants et vieillards, hommes et femmes, civils et militaires et dont le systématisme montre à quel point ses auteurs sont indifférents au sort de leurs semblables est glaçant. Le sort des personnes âgées qui, pour nombre d'entre elles, n'étaient plus en état de quitter les zones de conflit et qui se trouvent contraintes de vivre dans les conditions les plus précaires doit être particulièrement souligné. Enfin, que dire des risques pris, aux mois de mars 2022 et 2023, à proximité de la centrale nucléaire de Zaporijia[36] ?

Le nombre de victimes jusqu'ici recensées, qu'elles aient été tuées ou blessées, qu'il s'agisse d'hommes, de femmes, de vieillards ou d'enfants, de victimes illégalement détenues, torturées, soumises à des agressions sexuelles ou à des viols, de populations transférées contre leur consentement, de victimes de destructions et de pillages est, dès à présent, suffisamment élevé pour que soit établi le phénomène de masse qui, lié aux caractères généralisé et systématique d'attaques conduites en connaissance de cause et en ayant pleine conscience des conséquences qu'elles auront, caractérise le crime contre l'humanité.

Sans doute, comme cela a été plusieurs fois souligné ci-dessus, ne disposons-nous pas actuellement des éléments de preuve recueillis dans le cadre des différentes enquêtes en cours. Mais, là encore, il apparaît, au vu de l'ensemble des constatations opérées et des déclarations recueillies jusqu'ici, que la qualification de crimes contre l'humanité mérite sans conteste d'être dès à présent retenue. Il n'est plus possible de se taire.

À cet égard, en ayant conscience qu'il s'agit de déclarations émanant de responsables politiques et sans aucunement entendre leur accorder le statut de preuve judiciaire, il est intéressant de relever les propos tenus le 18 février 2023, lors de la conférence de Munich sur la sécurité, par A. J. Blinken, secrétaire d'État des États-Unis d'Amérique, des propos de même nature ayant été également tenus dans les mêmes circonstances par Mme Kamala Harris, vice-présidente des États-Unis :

« Sur la base d'une analyse minutieuse de la loi et des faits disponibles, j'ai déterminé que des membres des forces russes et d'autres responsables russes ont commis des crimes contre l'humanité en Ukraine. Des membres des forces russes ont commis des meurtres d'hommes, de femmes et d'enfants ukrainiens qui s'apparentent à des exécutions ; la torture de civils en détention par des passages à tabac, des électrocutions et des simulacres d'exécution ; des viols ; et, aux côtés d'autres responsables russes, ont expulsé des centaines de milliers de civils ukrainiens vers la Russie, y compris des enfants qui ont été séparés de force de leur famille. Ces actes ne sont pas aléatoires ou spontanés ; ils font partie de l'attaque généralisée et systématique du Kremlin contre la population ukrainienne. Nous réservons les décisions relatives aux crimes contre l'humanité aux crimes les plus flagrants. La détermination d'aujourd'hui souligne l'ampleur stupéfiante des souffrances humaines infligées par Moscou à la population civile ukrainienne. [...]. Il ne peut y avoir d'impunité pour ces crimes. Tous les responsables doivent être tenus responsables[37]. »

## C. Vladimir Poutine responsable des crimes de guerre et des crimes contre l'humanité commis en Ukraine

Vladimir Poutine, président de la Fédération de Russie peut-il, pour autant, se voir imputer la responsabilité des crimes de guerre et des crimes contre l'humanité qui se commettent depuis le mois de février 2022 ?

Cela a été rappelé, aux termes de l'article 87 de la Constitution de la Fédération de Russie, « [l]e Président de la Fédération de Russie est le Commandant en chef suprême des Forces armées de la Fédération de Russie... ».

Depuis le début des hostilités, au mois de février 2022, Vladimir Poutine s'est constamment comporté en chef des armées : il nomme ou décharge de leurs responsabilités ou commandements les ministres de la Défense, les chefs d'état-major et les généraux. C'est lui qui, quelques mois après le début de la guerre, a annoncé la première mobilisation de centaines de milliers de jeunes Russes non formés militairement ni entraînés, et qui a annoncé il y a quelques semaines de nouvelles mobilisations massives et la nécessité d'adapter comme d'accroître le matériel militaire engagé dans les combats.

Sans doute ne s'est-il pas jusqu'ici rendu en Ukraine sur les théâtres d'opérations, mais il a mis en scène des visites de caserne, des entretiens avec des gradés et des hommes de troupe, des séances de maniements d'armes.

Il a magnifié, à chaque fois que l'occasion lui en était donnée, et, tout dernièrement, lors du 80e anniversaire de la bataille de Stalingrad, le dévouement et le courage de l'armée russe. Il s'est à plusieurs reprises, personnellement, longuement et publiquement, exprimé pour justifier ce qu'il a longtemps persisté à appeler une « opération militaire spéciale », oui très « spéciale », puisque destinée, selon ses dires, à « dénazifier » et à reconquérir l'Ukraine.

Ce qui se déroule actuellement en Ukraine n'échappe donc pas à son contrôle et tout porte à croire que le comportement des forces russes auxquelles, avec son plein assentiment, voire à sa demande, se sont associés les milices Wagner, les militaires tchétchènes et les volontaires du Moyen-Orient s'inscrit dans le cadre d'un accord organisationnel assurant une exécution automatique d'ordres définis au plus haut niveau.

À cet égard, il est clair que les exécutants obéissent aux ordres d'un « appareil de pouvoir », civil et militaire, parfaitement « organisé », qui, outre la conception et la préparation de cette guerre, a décidé du moment de son déclenchement, qui la dirige et en contrôle, sur la durée, le déroulement, les développements et les nécessaires adaptations. Un appareil pyramidal, strictement hiérarchisé, dont les ordres sont obéis, qui exerce, sur le plan militaire et par le biais de commissaires politiques, un contrôle sur l'ensemble de l'organisation, et dont le chef suprême, à la fois chef politique et militaire, est le président de la Fédération de Russie. Un président, chef de guerre quasi divinisé par le patriarche Kirill, patriarche de Moscou et de toutes les Russies, qui, dans une homélie du 25 septembre 2022, n'a pas hésité à affirmer que celui

« qui meurt dans l'accomplissement de son devoir militaire… commet sans aucun doute un acte qui équivaut à un sacrifice. Il se sacrifie pour les autres. Et nous croyons donc que ce sacrifice lave tous les péchés commis…[38] ».

L'article 25, joint en annexe n° 6, et l'article 28 du Statut de Rome, tous deux repris, au moins partiellement, comme la définition des crimes par de nombreux États dans leur législation interne, définissent avec précision les modes de responsabilité qui peuvent être retenus à la charge des personnes physiques ayant participé à la commission des crimes entrant dans le champ de compétence de la Cour pénale internationale. Il convient donc de s'y référer. Ils s'appliquent aussi bien aux crimes contre l'humanité qu'aux crimes de guerre.

Là encore, il appartiendra au procureur et à la juridiction qui sera saisie de déterminer, le moment venu et en possession de toutes les preuves réunies, quel est le mode de responsabilité qui correspond le mieux au rôle qu'a joué Vladimir Poutine.

Sans doute la complicité par instructions données prévue par l'article 25.3.b, pourrait-elle, à première vue, constituer un mode de responsabilité approprié. Il pourrait en aller de même de l'absence de contrôle qu'un chef militaire doit exercer sur les forces militaires engagées que prévoit l'article 28 du Statut. Mais ces différents modes de responsabilité ne paraissent pas convenir au rôle exact que joue depuis des mois le président de la Fédération de Russie et qu'il continue à tenir plus que jamais.

Aussi, dès à présent, au vu de l'appareil hiérarchique conçu et mis en œuvre par les plus hautes autorités politiques et militaires, le mode de responsabilité prévu par l'article 25.3.a) du Statut de Rome, tel que l'interprète la Cour pénale internationale[39], pourrait-il être utilement examiné ici aussi bien pour les exécutants, auteurs directs de crimes de guerre ou de crimes contre l'humanité, que pour les différents échelons de la structure hiérarchique qui les dirigent.

En effet, aux termes de l'article 25.3.a) du Statut, « … toute personne est pénalement responsable et peut être punie pour un crime relevant de la compétence de la Cour si a) elle commet un tel crime, que ce soit individuellement, conjointement avec une autre personne ou par l'intermédiaire d'une autre personne, que cette autre personne soit ou non pénalement responsable… »

Ce mode de responsabilité permet de mettre en cause celui qui ne commet pas lui-même physiquement le crime mais qui le commet « par l'intermédiaire » d'une ou de plusieurs personnes dont il contrôle les actes. Ainsi peut être appréhendé l'auteur intellectuel qui se sert de tiers pour commettre des crimes de guerre et des crimes contre l'humanité. Ce qui a conduit certains à parler de « l'auteur derrière l'auteur[40] ».

Tel est notamment le cas lorsque l'exécutant, l'auteur direct, voire les différents maillons de la chaîne de commandement, ont été l'objet d'une propagande intensive, « falsifiant l'histoire, instrumentalisant la mémoire[41] » les incitant à tout mettre en œuvre pour purifier et dénazifier un pays qu'il faut reconquérir et « dés-ukrainiser », le publiciste Timofeï Sergueïtsev allant même jusqu'à dire, selon une publication de l'agence de presse russe, RIA Novosti du 3 avril 2022, que « l'opération militaire spéciale » doit conduire à « liquider » l'identité ukrainienne « artificielle[42] » !

Cet objectif de reconquête à tout prix d'une Ukraine que l'on veut dénazifier est d'ailleurs à la base du plan, du projet, conçu pour faire disparaître l'Ukraine qui réunit Vladimir Poutine et les autorités politiques et militaires qui l'ont étroitement conçu avec lui.

Au cas présent, ce plan se décline de diverses façons et prend la forme d'actions qui toutes conduisent inéluctablement à la commission des crimes de guerre et contre l'humanité énoncés ci-dessus.

Ainsi, en est-il de l'objectif, martelé et constamment répété, de dénazification et de purification qui, à lui seul, est de nature à faire croire que tout est permis. C'est également le cas, à titre d'exemple, des décisions, prises au plus haut niveau avant d'être mises à exécution par la troupe, d'encercler des villes, comme Marioupol, sans s'assurer que pourront être empruntés les couloirs humanitaires mis en place au bénéfice des populations civiles puis en entravant leur utilisation, de bombarder de manière intensive sans distinguer les bâtiments civils et militaires, de transférer en Russie des milliers de personnes dont des enfants, de multiplier les attaques contre les personnes, les destructions et les pillages.

Envoyer en première ligne des soldats russes qui sont vite apparus mal préparés, mal encadrés, livrés à eux-mêmes et voués, pour nombre d'entre eux, à une mort certaine[43], mobiliser en masse des centaines de milliers de réservistes qui, aux dires même de certains d'entre eux, sont insuffisamment formés et équipés, accepter que soient engagées des milices composées de mercenaires ultranationalistes et de détenus, criminels de droit commun, armés, en échange de remises de peine ou de leur liberté et admettre que ces milices, connues pour la brutalité de leur comportement, puissent prendre part au combat et leur laisser les coudées franches, ne jamais désavouer, et encore moins condamner, les auteurs directs de crimes commis dès les premiers jours du conflit et portés à la connaissance de l'ensemble de la communauté internationale, ne peut que conduire à la commission et à la réitération des crimes les plus graves. Et cela d'autant plus que les exécutants, militaires de terrain, sont, il faut le rappeler, soumis à une stricte discipline hiérarchique et ne peuvent que satisfaire aux ordres d'une chaîne de commandement qui, par délégation, s'est déchargée sur eux de la « sale besogne ».

En adoptant sciemment ce comportement pour mettre en œuvre le plan préalablement défini et réaliser les objectifs poursuivis, l'auteur indirect qu'est Vladimir Poutine, agissant par l'intermédiaire des auteurs directs, ne pouvait ignorer que les conséquences criminelles de leurs agissements « adviendraient », pour reprendre les termes de l'article 30.2. b du Statut de Rome relatif à l'élément intentionnel des crimes, « dans le cours normal des événements... ».

S'il n'est question, dans le présent propos, que du rôle joué par Vladimir Poutine et de la responsabilité qu'il peut encourir, il conviendra aussi de s'interroger sans tarder sur ce que fut celui des responsables civils et militaires qui, avec lui, ont élaboré le plan de dénazification et de reconquête de l'Ukraine, sur les décisions qu'ils ont prises pour définir la stratégie à appliquer sur le territoire de cet État et pour en suivre, ensemble, la mise en œuvre.

Si l'on s'en tient, en l'état, au président de la Fédération de Russie et à lui seul, l'hypothèse selon laquelle il peut voir engager sa responsabilité pénale aussi bien pour crimes de guerre que pour crimes contre l'humanité en raison des actes qui ont été commis et qui continuent à se commettre en Ukraine s'impose là encore. Des poursuites pénales de ces différents chefs semblent inéluctables. La mise en accusation de Vladimir Poutine doit advenir.

## *Notes*

1. V. *supra* chapitre II.
2. *Ibid.*
3. V. CIJ, arrêt, 27 juin 1986, « Activités militaires et paramilitaires au Nicaragua et contre celui-ci (Nicaragua c. États-Unis d'Amérique) », fond, *CIJ Recueil 1986*, pp. 113-114, par. 218 ; v. aussi les dispositions des Conventions de Genève de 1949 reproduites à l'annexe n° 4.
4. ONU, Assemblée générale, *Rapport de la Commission d'enquête internationale et indépendante sur l'Ukraine*, document A/77/533, soumis en application de l'alinéa f) du paragraphe 11 de la résolution 49/1 du Conseil des droits de l'homme sur la situation des droits de l'homme en Ukraine à la suite de l'agression russe.
5. V. le site du HCR – pays : Ukraine.
6. V. not. les rapports des 5, « Ukraine : civilian casualty update, et 7 décembre 2022, Killings of civilians : summary executions and attacks on individual civilians in Kyiv, Chernihiv, and Sumy regions in the context of the Russian Federation's armed attack against Ukraine » ; v. aussi, sur le site du HCR pour les droits de l'homme, les rapports suivants : « Update on the human rights situation in Ukraine », 24 février-26 mars 2022, rapport du 28 mars 2022 ; « The situation of human rights in Ukraine in the context of the armed attack by the Russian Federation », 24 février-15 mai 2022, rapport du 29 juin 2022 ; « Report on the human rights situation in Ukraine », 1er février-31 juillet 2022, rapport du 27 septembre 2022 ; « Update

on the human rights situation in Ukraine », 1er août-31 octobre 2022, rapport du 2 décembre 2022.

7. V. les rapports des 12 avril et 8 juillet 2022 sur les « Violations du droit international humanitaire et des droits de l'homme, crimes de guerre et crimes contre l'humanité commis en Ukraine », OSCE, Vienne, ODIHR. GAL/26/22/Rev.1, 13 avril 2022, et ODIHR. GAL/36/22/Corr.1, 14 juillet 2022 (ces rapports n'existent qu'en anglais). Ces groupes d'experts ont été constitués dans le cadre du Mécanisme de Moscou de l'OSCE, créé en 1991, qui permet d'enquêter sur les allégations de graves violations des engagements pris par les États dans le cadre de l'OSCE et d'identifier des actions pour y remédier, sans que ces conclusions soient juridiquement obligatoires. (Rapport du 22 septembre 2022, « Report on Russia's Legal and Administrative Practice in Light of its OSCE Human Dimension Commitments », ODIHR. GAL/58/22/Rev.1.)

8. V. not. le rapport du 4 avril 2022 ; v. aussi, sur le site internet de HRW un communiqué de presse du 3 avril 2022, « Ukraine : Crimes de guerre manifestes dans les zones contrôlées par le Russie », un commentaire du 5 avril 2022, « Documenter les crimes de guerre en Ukraine, une course contre la montre », le « Rapport mondial 2023 » de janvier 2023, un communiqué de presse du 12 janvier 2023, « Une année de souffrances pour les civils » et un article du 24 février 2023, « Ukraine : une année d'atrocités » (textes et vidéos).

9. V. not. les nombreux rapports et communiqués depuis le début du conflit : rapport du 6 mai 2022, « "He's not coming back" War Crimes in Northwest Areas of Kyiv Oblast » ; communiqué du 4 août 2022, « Ukraine : les tactiques de combats ukrainiennes mettent en danger la population civile » ; communiqué du 24 août 2022, « Guerre en Ukraine : six mois après l'invasion russe, les auteurs des crimes doivent être poursuivis », et rapport du 10 novembre 2022 ; « Like a Prison Convoy : Russia's Unlawful Transfer and Abuse of Civilians in Ukraine During "Filtration" », consultable (en anglais uniquement) sur le site internet d'Amnesty.

10. V. en ce sens, Conseil de l'Europe, documents d'information, responsabilité pour les violations des droits de l'homme résultant de l'agression de la Fédération de Russie contre l'Ukraine : rôle de la communauté internationale, y compris du Conseil de l'Europe, 31 janvier 2023, SG/Inf(2023)7.

11. V. not. Irina Salii, « Quatre soldats russes, membres des forces spéciales faits prisonniers lors de la reprise de la région de Kharkiv ont

plaidé coupable d'actes de tortures. Ils ont été condamnés à 11 années de prison le 24 décembre 2022 par le tribunal de Poltava (est de l'Ukraine) », consultable sur le site Justice.info.net, 26 janvier 2023. V. aussi : Iryna Domashchenko, « Four Russians Sentenced to 11 Years for War Crimes », Institute for War & Peace Reporting, 10 janvier 2023. V. encore : « Carte des procès pour crimes de guerre en Ukraine », consultable sur le site Justice.info.net, 6 décembre 2022.

12. V. le site internet du Bureau du procureur général (https://warcrimes.gov.ua/en/).

13. V. par ex. Rapport du 31 janvier 2023 de HRW sur la possible utilisation de mines antipersonnel par l'Ukraine à Izioum (« Ukraine : Des mines terrestres interdites causent des souffrances aux civils », 21 janvier 2023) ou encore Benoît Vitkine, « Des soldats ukrainiens accusés de l'exécution de prisonniers russes. L'ONU a demandé à Kiev une enquête rapide, complète et efficace », *Le Monde*, 22 novembre 2022.

14. V. UKRINFOM, « Twenty-one countries are currently investigating Russia's war crimes in Ukraine », 10 janvier 2023. V. aussi la déclaration du procureur général allemand Peter Frank lors d'un entretien dans un entretien accordé au journal *Welt am Sonntag* du 5 février 2023.

15. Articles 25.3.a) et 28 du Statut de Rome de la Cour pénale internationale.

16. Le 25 mai 2022, le Conseil de l'Union européenne a modifié le statut de l'Agence de coopération judiciaire européenne (EUROJUST) qui siège à La Haye pour lui permettre, en liaison avec EUROPOL de traiter, d'analyser, de conserver et de partager les preuves relatives aux crimes de guerre. Des équipes communes d'enquête ont été constituées. V. aussi : Adrien Palluet, « Guerre en Ukraine : comment l'agence Eurojust participe aux enquêtes pour crimes de guerre », *Toute l'Europe*, mis à jour le 31 mai 2022. Par ailleurs, le Conseil européen envisagerait la création d'un procureur spécial intérimaire chargé de centraliser et d'enregistrer les preuves recueillies jusqu'ici.

17. En revanche, il est intéressant de noter qu'un décret du 30 décembre 2022 aurait décidé d'installer des prisons militaires sur les bases et les lieux de déploiement de l'armée russe pour y accueillir les militaires coupables d'infractions graves à la discipline ou de comportements, tel le refus de combattre, assimilables à la désertion. V. Benoît Vitkine, « Tour de vis disciplinaire dans l'armée russe », *Le Monde*, 25 janvier 2023. À noter également que Vladimir Poutine a signé le 24 septembre 2022 une loi prévoyant des peines allant désormais

jusqu'à dix années d'emprisonnement pour les militaires qui désertent ou refusent de combattre en période de mobilisation.

18. V. *supra* chapitre II ; v. aussi, annexe n° 8.

19. V. *supra* chapitre II, p. 40.

20. Sur la notion ou l'existence d'un « plan » voir également les développements figurant au chapitre II, p. 65.

21. V. *supra* chapitre II, pp. 56-58.

22. Ce point mérite d'être vérifié au cas par cas avec la plus grande attention car, si de tels bâtiments abritaient des forces armées ukrainiennes, ils perdraient leur protection.

23. S'agissant des écoles, le communiqué de presse de HRW du 12 janvier 2023, déjà cité en note 8, parle de 2 700 établissements scolaires endommagés dont 300 seraient irréparables. S'agissant des hôpitaux, ce même communiqué précise que, à Tchernihiv, il s'agissait d'un hôpital pour enfants, à Vilniansk comme à Kharkiv d'une maternité.

24. V. Rapport de HRW, « Ukraine : nouvel éclairage sur l'attaque russe contre la gare de Kramatorsk », 21 février 2023. L'explosion de missiles à sous-fragmentation, armes prohibées, a alors tué près de 60 personnes et en a blessé environ 110. Sous réserve de vérifications complémentaires, de tels faits semblent tomber sous le coup des dispositions de l'article 8, 2. b) XX) du Statut de Rome définissant les crimes de guerre (emploi d'armes, projectiles et méthodes de guerre de nature à causer des maux superflus ou des souffrances inutiles ou à frapper sans discrimination en violation du droit international des conflits armés).

25. V. « Ukraine : International Support for War Crimes Investigations », Institute for War and Peace Reporting, 14 février 2023.

26. Dane Enerio, « Russia Has Committed 65 000 War Crimes In Ukraine, Prosecutor General Says », *Toute l'Europe*, 2 février 2023.

27. Au sens, par exemple, de l'article 61-7 du Statut de Rome de la Cour pénale internationale, il y a lieu de « déterminer s'il existe des preuves suffisantes donnant des motifs substantiels de croire que la personne a commis chacun des crimes qui lui sont imputés ».

28. TPIY, IT-96-22, *Dražen Erdemović*, 29 novembre 1996.

29. V. not. la Convention de Genève relative à la protection des personnes civiles en temps de guerre du 12 août 1949 et l'article 8.2. b)ix) du Statut de Rome de la Cour pénale internationale.

30. Propos tenus le 1er février 2023 à Washington à l'université de droit de Georgetown (Amanda Macias, « Russia has committed more than 65,000 war crimes in Ukraine, prosecutor general says », CNBC, 1er février 2023) ; v. aussi, Stéphanie Maupas, « Ukraine : des

responsables russes visés par la CPI. La CPI mène des enquêtes sur les organisateurs de déportation d'enfants », *Le Monde*, 5 mars 2023.

31. V. *The Irish Time*, 14 février 2023. V. aussi, « Des milliers d'enfants ukrainiens ont déménagé en Russie », *The Times Hub*, 20 février 2023.

32. Jennifer Hansler, « Report says Russian government is operating network of camps where it has held thousands of Ukrainian children since start of war », CNN, 15 février 2023.

33. Communiqué préc. note 8. V. aussi communiqué d'Amnesty International « Guerre en Ukraine : ce que l'on sait sur les transferts forcés et les déportations de civils ukrainiens vers la Russie », 10 novembre 2022.

34. Rapport préc. note 4.

35. Julien Bouissou et Philippe Ricard, « À Paris les représentants de 48 pays ont promis une aide d'un milliard d'euros conte la « terreur énergétique » de Poutine », *Le Monde*, 15 décembre 2022. V. aussi communiqué d'Amnesty International « À la veille de Noël, des coupures de courant dévastatrices sapent la vie des Ukrainiens et Ukrainiennes », 21 décembre 2022.

36. Perrine Mouterde, « La sûreté des centrales nucléaires ukrainiennes à l'épreuve de la guerre », *Le Monde*, 4-5 mars 2023.

37. US Department of States, Crimes contre l'humanité en Ukraine, communiqué de presse du Secrétaire d'État Antony Blinken, 18 février 2023 (https://www.state.gov/crimes-against-humanity-in-ukraine/). V. aussi, « What Matters », CNN Politics, 20 février 2023.

38. Jean-Benoît Poulle « Le sacrifice comme arme de guerre », *Le Grand Continent*, 28 septembre 2022.

39. CPI, chambre d'appel, arrêt du 15 décembre 2022. Affaire *le Procureur contre Dominic Ongwen.* V. aussi « article 25-3-a) », in *Statut de Rome de la Cour pénale internationale, Commentaire article par article*, Paris, Pedone, 2019, p. 1037. V. annexe n° 7, Extraits du résumé de l'arrêt lu en audience publique du 15 décembre 2022.

40. CPI, chambre préliminaire I, *Le procureur contre Germain Katanga et Mathieu Ngudjolo*, décision relative à la confirmation des charges. 30 septembre 2008. ICC-01/04-01-717-tFRA-Corr. Par. 514.

41. Lev Ponomarev, Olga Prokopieva et Cécile Vassié, « La paix en Europe ne sera garantie qu'après la "dépoutinisation" de la Russie », *Le Monde*, 15 décembre 2022.

42. L'impact de cette propagande sur les jeunes générations russes est à cet égard saisissant. L'hebdomadaire *Le Monde* du 23 décembre 2022

a publié sous la signature de son envoyée spéciale à Izioum le contenu de lettres écrites à des soldats russes par des écoliers et des lycéens. Ils y expriment leur reconnaissance pour l'action que conduit l'armée pour « *se défendre du nazisme* », « *nettoyer l'Ukraine du nazisme* », « *exterminer ces sales fachos* », « *éliminer les nazis en Ukraine* », autant de formules violentes et définitives, reprises avec constance et qui ne laissent aucun doute sur les objectifs poursuivis par les combattants engagés en Ukraine. V. aussi, Benoît Vitkine, « La propagande russe mobilisée pour attiser la haine contre un gouvernement "ukronazi" », *Le Monde*, 24 février. 2023.

43. Emmanuel Gryszpan, « Prigogine, chef des milices Wagner, révèle les énormes pertes russes », *Le Monde*, 26 février 2023.

CONCLUSION

# – ACTE D'ACCUSATION –

Attendu qu'il existe des charges suffisantes contre Vladimir Poutine, président de la Fédération de Russie, les crimes ci-dessous énoncés étant imprescriptibles* :

## Crime d'agression

d'avoir, en tant que chef d'État et commandant militaire suprême de la Fédération de Russie,

– entre 2014 et 2022, préparé et planifié une agression armée contre l'Ukraine qui, par sa nature, sa gravité et son

* Dans l'ignorance de la juridiction qui sera appelée à connaître de ces crimes, la qualification est formulée de manière générale sans, par exemple, se référer à la notion de « preuves suffisantes donnant des motifs substantiels de croire que la personne a commis les crimes... », propre à la Cour pénale internationale (article 61-7 du Statut de Rome).

ampleur, constitue une violation manifeste de la Charte des Nations unies ;

– de l'avoir lancée le 24 février 2022, et

– de l'avoir exécutée depuis cette date jusqu'à aujourd'hui ;

et plus précisément de s'être rendu coupable en toute connaissance de cause des actes d'agression suivants :

– de l'attaque par les forces armées russes du territoire ukrainien, de son invasion et de son occupation partielle ;

– de l'annexion par la force des oblasts de Louhansk et de Donetsk et des régions de Zaporijia et de Kherson ;

– du bombardement par les forces russes du territoire ukrainien ;

– du blocus des ports et des côtes de l'Ukraine ;

– de l'attaque des forces terrestres, et des flottes maritimes et aériennes ukrainiennes ;

– de l'envoi de troupes irrégulières et mercenaires, notamment du « groupe Wagner » qui exécutent des actes assimilables à ceux énumérés ci-dessus ;

et, ce faisant,

– d'avoir recouru à la force armée en violation de la Charte des Nations unies, sans pouvoir invoquer le droit naturel de légitime défense non plus que d'autres causes exonératoires de responsabilité ; et

– d'avoir porté des atteintes graves à la souveraineté, l'intégrité territoriale et l'indépendance politique de l'Ukraine.

Faits prévus à l'article 8$^{bis}$ du Statut de la Cour pénale internationale qui reflète les règles du droit coutumier en la matière et susceptibles de poursuite sur le fondement de l'article 25.3.a) de ce même Statut

## Crimes de guerre

d'avoir, en 2022 et 2023, sur le territoire de l'État ukrainien, notamment à Kiev, Boutcha, Kramatorsk, Irpin, Tchernihiv, Kharkiv, Soumy, Kherson, Mikolaïv, Zaporijia, Marioupol, Izioum, et par l'intermédiaire des forces armées russes placées sous son autorité et son contrôle, commis, sur une grande échelle, une série de crimes constitutifs de crimes de guerre s'inscrivant dans le cadre d'un plan ou d'une politique définie, et plus précisément :

– des attaques dirigées intentionnellement contre des populations civiles en tant que telles ou contre des civils ne participant pas directement aux hostilités ;

– des attaques dirigées intentionnellement en sachant qu'elles causeront incidemment des pertes en vies humaines dans la population civile, des blessures aux personnes civiles, des dommages aux biens de caractère civil manifestement excessifs par rapport à l'ensemble des avantages militaires concrets et directs attendus ;

– des attaques dirigées intentionnellement contre des bâtiments consacrés à l'enseignement et à l'art (théâtres), des hôpitaux et maternités qui n'étaient pas des objectifs militaires ;

– des attaques dirigées intentionnellement contre des biens de caractère civil n'étant pas des objectifs militaires ;

– des attaques et bombardements de villes, villages, habitations et bâtiments qui n'étaient pas défendus et n'étaient pas des objectifs militaires ;

– des meurtres, notamment des exécutions sommaires ;

– des détentions illégales ;

– des actes de torture et des traitements humiliants et dégradants ;

– des déportations ou transferts de populations civiles ukrainiennes vers le territoire de la Fédération de Russie ;

– des viols ou toute autre forme de violences sexuelles ;

– des destructions de biens non justifiées par des nécessités militaires et exécutées sur une grande échelle de façon illicite et arbitraire ;

– des pillages de localités même prises d'assaut ;

ces crimes s'inscrivant dans le cadre d'un conflit armé international ;

Faits prévus et définis à l'articles 8.1. et 8.2.a) i), ii), iv) vii et 8.2 b) i), ii), iv), v), viii), ix), xvi), xxi), xxii et poursuivis sur le fondement de l'article 25.3.a) du Statut de Rome de la Cour pénale internationale.

## Crimes contre l'humanité

d'avoir, en 2022 et 2023, sur le territoire de l'État ukrainien, notamment à Kiev, Boutcha, Irpin, Tchernihiv, Kharkiv, Soumy, Kherson, Mikolaïv, Zaporijia, Marioupol, Izioum, et par l'intermédiaire des forces armées russes placées sous son autorité et son contrôle, commis, dans le cadre d'attaques généralisées et systématiques lancées contre les populations civiles et en connaissance de cette attaque les crimes contre l'humanité suivants :

– des meurtres ;

– des déportations et des transferts forcés de populations ;

– des emprisonnements ou privations de liberté

physique en violation des dispositions fondamentales du droit international ;

– des tortures ;

– des viols ou toute autre forme de violences sexuelles.

Faits prévus et définis à l'article 7.1 et 7.2 a) d), e), f), et g) et poursuivis sur le fondement de l'article 25.3.a) du Statut de Rome de la Cour pénale internationale.

# Sigles

| | |
|---|---|
| AAARGH | Association des anciens amateurs de récits de guerre d'holocauste |
| CDH | Conseil des droits de l'homme |
| CDI | Commission du droit international |
| CIJ | Cour internationale de justice |
| CPI | Cour pénale internationale |
| CrEDH | Cour européenne des droits de l'homme |
| EUROJUST | Agence de l'Union européenne pour la coopération judiciaire en matière pénale |
| EUROPOL | Agence européenne de police criminelle |
| HCR | Haut-Commissariat des Nations unies aux droits de l'homme |
| HRW | Human Rights Watch |
| ICPA | Centre international pour la poursuite du crime d'agression en Ukraine |
| IDI | Institut de droit international |
| ILA | Association de droit international |
| IRC | International Rescue Committee |
| OEA | Organisation des États américains |
| OIT | Organisation internationale du travail |
| ONG | Organisation non gouvernementale |
| ONU | Organisation des Nations unies |
| OTAN | Organisation du Traité de l'Atlantique nord |

| | |
|---|---|
| OSCE | Organisation pour la sécurité et la coopération en Europe |
| RIA | Agence russe d'information |
| RPD | République populaire du Donetz |
| RPP | Règlement de procédure et de preuve |
| SEDI | Société européenne de droit international |
| SFDI | Société française pour le droit international |
| TMI | Tribunal militaire international |
| TNP | Traité de non-prolifération |
| TPIR | Tribunal pénal international pour le Rwanda |
| TPIY | Tribunal pénal international pour l'ex-Yougoslavie |
| TSL | Tribunal spécial des Nations unies pour le Liban |
| TSSL | Tribunal spécial pour la Sierra Leone |
| UE | Union européenne |
| URSS | Union des républiques socialistes et soviétiques |
| ZaöRV | Zeitschrift für ausländisches öffentliches Recht und Völkerrecht |

# Annexes

# I

# DOCUMENTS JURIDIQUES

## 1. Statut du Tribunal militaire international annexé à l'Accord de Londres du 8 août 1945 (article 6)

Le Tribunal établi par l'Accord mentionné à l'article premier ci-dessus pour le jugement et le châtiment des grands criminels de guerre des pays européens de l'Axe sera compétent pour juger et punir toutes personnes qui, agissant pour le compte des pays européens de l'Axe, auront commis, individuellement ou à titre de membres d'organisations, l'un quelconque des crimes suivants :

Les actes suivants, ou l'un quelconque d'entre eux sont des crimes soumis à la juridiction du Tribunal et entraînant une responsabilité individuelle :

a) Les crimes contre la paix : c'est-à-dire la direction, la préparation, le déclenchement ou la poursuite d'une guerre d'agression, ou d'une guerre de violation des traités, assurances ou accords internationaux, ou la participation à un plan concerté ou à un complot pour l'accomplissement de l'un quelconque des actes qui précèdent.

b) Les crimes de guerre : c'est-à-dire les violations des lois et coutumes de la guerre. Ces violations comprennent, sans y être limitées, l'assassinat, les mauvais traitements ou la déportation pour des travaux forcés, ou pour tout autre but, des populations civiles dans les territoires occupés, l'assassinat ou les mauvais traitements des prisonniers de guerre ou des personnes en mer, l'exécution des otages, le pillage des biens publics ou privés, la destruction sans motif des villes et des villages ou la dévastation que ne justifient pas les exigences militaires ;

c) Les crimes contre l'humanité : c'est-à-dire l'assassinat, l'extermination, la réduction en esclavage, la déportation, et tout autre acte inhumain commis contre toutes populations civiles, avant ou pendant la guerre, ou bien les persécutions pour des motifs politiques, raciaux ou religieux lorsque ces actes ou persécutions, qu'ils aient constitué ou non une violation du droit interne du pays où ils ont été perpétrés, ont été commis à la suite de tout crime rentrant dans la compétence du Tribunal, ou en liaison avec ce crime.

Les dirigeants, organisateurs, provocateurs ou complices qui ont pris part à l'élaboration ou à l'exécution d'un plan concerté ou d'un complot pour commettre l'un quelconque des crimes ci-dessus définis sont responsables de tous les actes accomplis par toutes personnes, en exécution de ce plan.

## 2. Jugement du Tribunal militaire international de Nuremberg, 1er octobre 1946 (extraits)*

Le Tribunal examinera dans ce chapitre les crimes contre la paix visés par l'Acte d'accusation. L'inculpation formulée dans le premier chef de cet Acte est celle de complot ou de plan concerté en vue de commettre des crimes contre la paix. L'inculpation formulée dans le deuxième chef est celle de crimes contre la paix consistant en la préparation, le déclenchement et la poursuite de guerres d'agression. Il y a lieu de réunir la question de l'existence d'un plan concerté avec celle des guerres d'agression, et de traiter dans la partie finale, du jugement la question de la responsabilité particulière de chaque accusé.

---

* Jugement, procès des grands criminels de guerre devant le Tribunal militaire international, Nuremberg, 14 novembre 1945-1er octobre 1946, AAARGH, Nuremberg, 1947, pp. 196-197, 236-237 et 228. Disponible sur le site internet ICC Legal Tools Database (https//www.legal-tools.org/doc/512713/pdf/).

L'inculpation selon laquelle les accusés auraient préparé et poursuivi des guerres d'agression est capitale. La guerre est un mal dont les conséquences ne se limitent pas aux seuls États belligérants, mais affectent le monde tout entier.

Déclencher une guerre d'agression n'est donc pas seulement un crime d'ordre international ; c'est le crime international suprême, ne différant des autres crimes de guerre que du fait qu'il les contient tous.

Les premiers actes agressifs que mentionne l'Acte d'accusation sont l'invasion de l'Autriche et celle de la Tchécoslovaquie, et la première guerre d'agression visée est la guerre contre la Pologne, commencée le 1er septembre 1939.

Avant d'examiner cette accusation, il est nécessaire de se reporter aux événements qui ont précédé les agressions. La guerre germano-polonaise n'a pas éclaté soudainement dans un ciel sans nuages. Il a été prouvé clairement que cette guerre, de même que l'invasion de l'Autriche et de la Tchécoslovaquie, avait été préméditée et soigneusement préparée. Elle a été entreprise au moment jugé opportun et comme conséquence d'un plan préétabli.

En effet, les desseins agressifs du gouvernement nazi ne sont pas nés de la situation politique existant à ce moment-là en Europe et dans le monde ; ils constituaient une partie essentielle et délibérément arrêtée de la politique extérieure nazie.

[...]

Du bref examen des faits ayant trait aux guerres d'agression qui précède, il ressort qu'elles ont été conçues et préparées méthodiquement à chaque phase de l'histoire.

Préméditation et préparation, voilà des éléments essentiels de la guerre. Suivant l'avis du Tribunal, la guerre d'agression est un crime de droit international. Le Statut définit ce crime de préméditation, de préparation, d'initiation ou de déclenchement d'une guerre d'agression « ou de participation à un plan concerté ou complot en vue de sa réalisation ». L'Acte d'accusation s'inspire de la même distinction. Le premier chef d'accusation vise le plan concerté ou complot. Le second chef d'accusation vise la préparation et la conduite de la guerre. À l'appui de ces deux chefs d'accusation les mêmes documents ont été produits.

[...]

Objectera-t-on que cette notion de plan concerté s'accorde mal avec le régime de la dictature ? Ce serait, à notre sens, une erreur. Ce plan, un seul l'a peut-être conçu. D'autres en sont devenus responsables en prenant part à son exécution, et leur soumission aux ordres du promoteur ne les libère pas de cette responsabilité. Hitler ne pouvait, à lui seul, mener une guerre d'agression. Il lui fallait la collaboration d'hommes d'État, de chefs militaires, de diplomates, de financiers. Quand ceux-ci, en pleine connaissance de cause, lui ont offert leur assistance, ils sont devenus parties au complot qu'il avait ourdi. S'ils furent, entre ses mains, des instruments, la conscience qu'ils en eurent empêche de les reconnaître comme innocents. Ils sont responsables de leurs actes, bien que nommés et commandés par un dictateur. En droit international, aussi bien qu'en droit interne, les rapports de chef à subordonné n'entraînent pas exemption de la peine.

Selon la définition du Statut, préparer ou mener une guerre d'agression en violation de traités internationaux constitue un crime. Le Tribunal estime que certains des accusés ont préparé et mené des guerres d'agression contre douze nations et sont donc coupables de ces crimes. Il n'y a pas lieu de traiter en détail la question de la violation de traités ni d'examiner dans quelle mesure ces guerres d'agression furent aussi des « guerres menées en violation de traités, d'accords ou de garanties d'un caractère international ».

### 3. Charte des Nations unies (26 juin 1945) (extraits)

### Chapitre VII – Action en cas de menace contre la paix, de rupture de la paix et d'acte d'agression

#### Article 39

Le Conseil de sécurité constate l'existence d'une menace contre la paix, d'une rupture de la paix ou d'un acte d'agression et fait des recommandations ou décide quelles mesures seront prises conformément aux articles 41 et 42 pour maintenir ou rétablir la paix et la sécurité internationales.

**Article 41**

Le Conseil de sécurité peut décider quelles mesures n'impliquant pas l'emploi de la force armée doivent être prises pour donner effet à ses décisions, et peut inviter les membres des Nations unies à appliquer ces mesures. Celles-ci peuvent comprendre l'interruption complète ou partielle des relations économiques et des communications ferroviaires, maritimes, aériennes, postales, télégraphiques, radioélectriques et des autres moyens de communication, ainsi que la rupture des relations diplomatiques.

**Article 42**

Si le Conseil de sécurité estime que les mesures prévues à l'Article 41 seraient inadéquates ou qu'elles se sont révélées telles, il peut entreprendre, au moyen de forces aériennes, navales ou terrestres, toute action qu'il juge nécessaire au maintien ou au rétablissement de la paix et de la sécurité internationales. Cette action peut comprendre des démonstrations, des mesures de blocus et d'autres opérations exécutées par des forces aériennes, navales ou terrestres de membres des Nations unies.

**Article 51**

Aucune disposition de la présente Charte ne porte atteinte au droit naturel de légitime défense, individuelle ou collective, dans le cas où un membre des Nations unies est l'objet d'une agression armée, jusqu'à ce que le Conseil de sécurité ait pris les mesures nécessaires pour maintenir la paix et la sécurité internationales. Les mesures prises par des membres dans l'exercice de ce droit de légitime défense sont immédiatement portées à la connaissance du Conseil de sécurité et n'affectent en rien le pouvoir et le devoir qu'a le Conseil, en vertu de la présente Charte, d'agir à tout moment de la manière qu'il juge nécessaire pour maintenir ou rétablir la paix et la sécurité internationales.

## 4. Les Conventions de Genève du 12 août 1949 (extraits)

Convention I : amélioration du sort des soldats blessés ou malades dans les forces armées en campagne.

Convention II : amélioration du sort des militaires blessés, malades ou naufragés en mer en temps de guerre.

Convention III : relative au traitement des prisonniers de guerre.

Convention IV : relative à la protection des personnes civiles en temps de guerre

### Article 3 commun aux quatre Conventions de Genève, 12 août 1949

Article 3. – En cas de conflit armé ne présentant pas un caractère international et surgissant sur le territoire de l'une des hautes parties contractantes, chacune des parties au conflit sera tenue d'appliquer au moins les dispositions suivantes :

1) Les personnes qui ne participent pas directement aux hostilités, y compris les membres de forces armées qui ont déposé les armes et les personnes qui ont été mises hors de combat par maladie, blessure, détention, ou pour toute autre cause, seront, en toutes circonstances, traitées avec humanité, sans aucune distinction de caractère défavorable basée sur la race, la couleur, la religion ou la croyance, le sexe, la naissance ou la fortune, ou tout autre critère analogue. À cet effet, sont et demeurent prohibés, en tout temps et en tout lieu, à l'égard des personnes mentionnées ci-dessus :

a) les atteintes portées à la vie et à l'intégrité corporelle, notamment le meurtre sous toutes ses formes, les mutilations, les traitements cruels, tortures et supplices ;

b) les prises d'otages ;

c) les atteintes à la dignité des personnes, notamment les traitements humiliants et dégradants ;

d) les condamnations prononcées et les exécutions effectuées sans un jugement préalable, rendu par un tribunal régulièrement constitué, assorti des garanties judiciaires reconnues comme indispensables par les peuples civilisés.

2) Les blessés et malades seront recueillis et soignés. Un

organisme humanitaire impartial, tel que le Comité international de la Croix-Rouge, pourra offrir ses services aux parties au conflit. Les parties au conflit s'efforceront, d'autre part, de mettre en vigueur par voie d'accords spéciaux tout ou partie des autres dispositions de la présente Convention. L'application des dispositions qui précèdent n'aura pas d'effet sur le statut juridique des parties au conflit.

**Convention IV : relative à la protection des personnes civiles en temps de guerre ;**

**Article premier**

Les hautes parties contractantes s'engagent à respecter et à faire respecter la présente Convention en toutes circonstances.

**Article 2**

En dehors des dispositions qui doivent entrer en vigueur dès le temps de paix, la présente Convention s'appliquera en cas de guerre déclarée ou de tout autre conflit armé surgissant entre deux ou plusieurs des hautes parties contractantes, même si l'état de guerre n'est pas reconnu par l'une d'elles.

La Convention s'appliquera également dans tous les cas d'occupation de tout ou partie du territoire d'une haute partie contractante, même si cette occupation ne rencontre aucune résistance militaire.

**Article 146**

Les hautes parties contractantes s'engagent à prendre toute mesure législative nécessaire pour fixer les sanctions pénales adéquates à appliquer aux personnes ayant commis, ou donné l'ordre de commettre, l'une ou l'autre des infractions graves à la présente Convention définies à l'article suivant.

**Article 147**

Les infractions graves visées à l'article précédent sont celles qui comportent l'un ou l'autre des actes suivants, s'ils sont commis contre des personnes ou des biens protégés par la Convention : l'homicide intentionnel, la torture ou les traitements inhumains, y compris les expériences biologiques, le fait de causer intentionnellement de grandes souffrances ou de porter des atteintes graves à l'intégrité physique ou à la santé, la déportation ou le transfert illégaux, la détention illégale, le fait de contraindre une personne protégée à servir dans les forces armées de la Puissance ennemie, ou celui de la priver de son droit d'être jugée régulièrement et impartialement selon les prescriptions de la présente Convention, la prise d'otages, la destruction et l'appropriation de biens non justifiées par des nécessités militaires et exécutées sur une grande échelle de façon illicite et arbitraire.

## 5. Résolution 3314 (XXIX) de l'Assemblée générale des Nations unies (14 décembre 1974) Définition de l'agression

*L'Assemblée générale,*

[...]

*Profondément convaincue* que l'adoption de la Définition de l'agression contribuerait à renforcer la paix et la sécurité internationales,

1. *Approuve* la Définition de l'agression dont le texte est joint en annexe à la présente résolution ;

2. *Exprime* sa satisfaction au Comité spécial pour la question de la définition de l'agression de ses travaux qui ont abouti à l'élaboration de la Définition de l'agression ;

3. *Demande* à tous les États de s'abstenir de tous actes d'agression et autres emplois de la force contraires à la Charte des Nations unies et à la déclaration relative aux principes du droit international touchant les relations amicales et la coopération entre les États conformément à la Charte des Nations unies ;

4. *Appelle* l'attention du Conseil de sécurité sur la Définition de l'agression qui figure ci-après et lui recommande de tenir compte de cette Définition, selon qu'il conviendra, en tant que guide pour déterminer, conformément à la Charte, l'existence d'un acte d'agression.

**ANNEXE**

## Définition de l'agression

*L'Assemblée générale,*

*Se fondant sur le fait* que l'un des buts essentiels de l'Organisation des Nations unies est de maintenir la paix et la sécurité internationales et de prendre des mesures collectives efficaces en vue de prévenir et d'écarter les menaces à la paix et de réprimer tout acte d'agression ou autre rupture de la paix,

*Rappelant* que le Conseil de sécurité, conformément à l'Article 39 de la Charte des Nations unies, constate l'existence d'une menace contre la paix, d'une rupture de la paix ou d'un acte d'agression et fait des recommandations ou décide quelles mesures seront prises conformément aux Articles 41 et 42 pour maintenir ou rétablir la paix et la sécurité internationales,

*Rappelant également* le devoir qu'ont les États, aux termes de la Charte, de régler leurs différends internationaux par des moyens pacifiques afin de ne pas mettre en danger la paix, la sécurité et la justice internationales,

*Ayant à l'esprit* que rien, dans la présente Définition, ne sera interprété comme affectant d'une manière quelconque la portée des dispositions de la Charte en ce qui concerne les fonctions et pouvoirs des organes de l'Organisation des Nations unies,

*Estimant également* que l'agression est la forme la plus grave et la plus dangereuse de l'emploi illicite de la force, qui renferme, étant donné l'existence de tous les types d'armes de destruction massive, la menace possible d'un conflit mondial avec toutes ses conséquences catastrophiques, et qu'il convient donc à ce stade de donner une définition de l'agression,

*Réaffirmant* le devoir des États de ne pas recourir à l'emploi de la force armée pour priver les peuples de leur droit à l'autodétermination, à la liberté et à l'indépendance, ou pour porter atteinte à l'intégrité territoriale,

*Réaffirmant également* que le territoire d'un État est inviolable et ne peut être l'objet, même temporairement, d'une occupation militaire ou d'autres mesures de force prises par un autre État en violation de la Charte, et qu'il ne fera pas l'objet, de la part d'un autre État, d'une acquisition résultant de telles mesures ou de la menace d'y recourir,

*Réaffirmant également* les dispositions de la Déclaration relative aux principes du droit international touchant les relations amicales et la coopération entre les États conformément à la Charte des Nations unies,

*Convaincue* que l'adoption d'une définition de l'agression devrait avoir pour effet de décourager un agresseur éventuel, faciliterait la constatation des actes d'agression et l'exécution des mesures propres à les réprimer et permettrait de sauvegarder les droits et intérêts légitimes de la victime et de venir à son aide,

*Estimant* que, bien que la question de savoir s'il y a eu acte d'agression doive être examinée compte tenu de toutes les circonstances propres à chaque cas, il est néanmoins souhaitable de formuler des principes fondamentaux qui serviront de guide pour le déterminer,

Adopte la Définition de l'agression ci-après :

### Article premier

L'agression est l'emploi de la force armée par un État contre la souveraineté, l'intégrité territoriale ou l'indépendance politique d'un autre État, ou de toute autre manière incompatible avec la Charte des Nations unies, ainsi qu'il ressort de la présente Définition.

*Note explicative.* – Dans la présente Définition, le terme « État » :

*a)* Est employé sans préjuger la question de la reconnaissance ou le point de savoir si un État est membre de l'Organisation des Nations unies ;

*b)* Inclut, le cas échéant, le concept de « groupe d'États ».

### Article 2

L'emploi de la force armée en violation de la Charte par un État agissant le premier constitue la preuve suffisante à première vue d'un acte d'agression, bien que le Conseil de sécurité puisse conclure, conformément à la Charte, qu'établir qu'un acte d'agression a été commis ne serait pas justifié compte tenu des autres circonstances pertinentes, y compris le fait que les actes en cause ou leurs conséquences ne sont pas d'une gravité suffisante.

### Article 3

L'un quelconque des actes ci-après, qu'il y ait eu ou non déclaration de guerre, réunit, sous réserve des dispositions de l'article 2 et en conformité avec elles, les conditions d'un acte d'agression :

*a)* L'invasion ou l'attaque du territoire d'un État par les forces armées d'un autre État, ou toute occupation militaire, même temporaire, résultant d'une telle invasion ou d'une telle attaque, ou toute annexion par l'emploi de la force du territoire ou d'une partie du territoire d'un autre État ;

*b)* Le bombardement, par les forces années d'un État, du territoire d'un autre État, ou l'emploi de toutes armes par un État contre le territoire d'un autre État ;

*c)* Le blocus des ports ou des côtes d'un État par les forces années d'un autre État ;

*d)* L'attaque par les forces années d'un État contre les forces armées terrestres, navales ou aériennes, ou la marine et l'aviation civiles d'un autre État ;

*e)* L'utilisation des forces armées d'un État qui sont stationnées sur le territoire d'un autre État avec l'accord de l'État d'accueil, contrairement aux conditions prévues dans l'accord ou toute prolongation de leur présence sur le territoire en question au-delà de la terminaison de l'accord ;

*f)* Le fait pour un État d'admettre que son territoire, qu'il a mis à la disposition d'un autre État, soit utilisé par ce dernier pour perpétrer un acte d'agression contre un État tiers ;

*g)* L'envoi par un État ou en son nom de bandes ou de groupes armés, de forces irrégulières ou de mercenaires qui se livrent à des actes de force armée contre un autre État d'une gravité telle qu'ils équivalent aux actes énumérés ci-dessus, ou le fait de s'engager d'une manière substantielle dans une telle action.

### Article 4

L'énumération des actes ci-dessus n'est pas limitative et le Conseil de sécurité peut qualifier d'autres actes d'actes d'agression conformément aux dispositions de la Charte.

### Article 5

1. Aucune considération de quelque nature que ce soit, politique, économique, militaire ou autre, ne saurait justifier une agression.

2. Une guerre d'agression est un crime contre la paix internationale. L'agression donne lieu à responsabilité internationale.

3. Aucune acquisition territoriale ni aucun avantage spécial résultant d'une agression ne sont licites ni ne seront reconnus comme tels.

### Article 6

Rien dans la présente Définition ne sera interprété comme élargissant ou diminuant d'une manière quelconque la portée de la Charte, y compris ses dispositions concernant les cas dans lesquels l'emploi de la force est légitime.

### Article 7

Rien dans la présente Définition, et en particulier l'article 3, ne pourra en aucune manière porter préjudice au droit à l'autodétermination, à la liberté et à l'indépendance, tel qu'il découle de la Charte, des peuples privés par la force de ce droit et auxquels fait référence la Déclaration relative aux principes du droit international touchant les relations amicales et la coopération entre les États conformément à la Charte des Nations unies, notamment les peuples qui sont soumis à des régimes coloniaux ou racistes ou à d'autres formes de domination étrangère ; ainsi qu'au droit de ces mêmes peuples de lutter à cette fin et de chercher et de recevoir un appui, conformément aux principes de la Charte et en conformité avec la Déclaration susmentionnée.

### Article 8

Dans leur interprétation et leur application, les dispositions qui précèdent sont liées entre elles et chaque disposition doit être interprétée dans le contexte des autres dispositions.

## 6. Statut de Rome de la Cour pénale internationale – extraits (17 juillet 1998, dans sa version amendée à Kampala en 2010)

### Article 5 – Crimes relevant de la compétence de la Cour

La compétence de la Cour est limitée aux crimes les plus graves qui touchent l'ensemble de la communauté internationale. En vertu du présent Statut, la Cour a compétence à l'égard des crimes suivants :

a) Le crime de génocide ;

b) Les crimes contre l'humanité ;

c) Les crimes de guerre ;

d) Le crime d'agression.

### Article 6 – Crime de génocide

Aux fins du présent Statut, on entend par crime de génocide l'un quelconque des actes ci-après commis dans l'intention de détruire, en tout ou en partie, un groupe national, ethnique, racial ou religieux, comme tel :

a) Meurtre de membres du groupe ;

b) Atteinte grave à l'intégrité physique ou mentale de membres du groupe ;

c) Soumission intentionnelle du groupe à des conditions d'existence devant entraîner sa destruction physique totale ou partielle ;

d) Mesures visant à entraver les naissances au sein du groupe ;

e) Transfert forcé d'enfants du groupe à un autre groupe.

### Article 7 – Crimes contre l'humanité

1. Aux fins du présent Statut, on entend par crime contre l'humanité l'un quelconque des actes ci-après lorsqu'il est commis dans le cadre d'une attaque généralisée ou systématique lancée contre toute population civile et en connaissance de cette attaque :

a) Meurtre ;

b) Extermination ;

c) Réduction en esclavage ;

d) Déportation ou transfert forcé de population ;

e) Emprisonnement ou autre forme de privation grave de liberté physique en violation des dispositions fondamentales du droit international ; 1 Paragraphe 2 de l'article 5 (« La Cour exercera sa compétence à l'égard du crime d'agression quand une disposition aura été adoptée conformément aux articles 121 et 123, qui définira ce crime et fixera les conditions de l'exercice de la compétence de la Cour à son égard. Cette disposition devra être compatible avec les dispositions pertinentes de la Charte des Nations Unies. ») a été supprimé conformément à l'annexe 1 de la résolution RC/ Res.6 du 11 juin 2010. Statut de Rome de la Cour pénale internationale 4 ;

f) Torture ;

g) Viol, esclavage sexuel, prostitution forcée, grossesse forcée, stérilisation forcée ou toute autre forme de violence sexuelle de gravité comparable ;

h) Persécution de tout groupe ou de toute collectivité identifiable pour des motifs d'ordre politique, racial, national, ethnique, culturel, religieux ou sexiste au sens du paragraphe 3, ou en fonction d'autres critères universellement reconnus comme inadmissibles en droit international, en corrélation avec tout acte visé dans le présent paragraphe ou tout crime relevant de la compétence de la Cour ;

i) Disparitions forcées de personnes ;

j) Crime d'apartheid ;

k) Autres actes inhumains de caractère analogue causant intentionnellement de grandes souffrances ou des atteintes graves à l'intégrité physique ou à la santé physique ou mentale.

2. Aux fins du paragraphe 1 :

a) Par « attaque lancée contre une population civile », on entend le comportement qui consiste en la commission multiple d'actes visés au paragraphe 1 à l'encontre d'une population civile quelconque, en application ou dans la poursuite de la politique d'un État ou d'une organisation ayant pour but une telle attaque ;

b) Par « extermination », on entend notamment le fait d'imposer intentionnellement des conditions de vie, telles que la privation d'accès à la nourriture et aux médicaments, calculées pour entraîner la destruction d'une partie de la population ;

c) Par « réduction en esclavage », on entend le fait d'exercer sur une personne l'un quelconque ou l'ensemble des pouvoirs liés au droit de propriété, y compris dans le cadre de la traite des êtres humains, en particulier des femmes et des enfants ;

d) Par « déportation ou transfert forcé de population », on entend le fait de déplacer de force des personnes, en les expulsant ou par d'autres moyens coercitifs, de la région où elles se trouvent légalement, sans motifs admis en droit international ;

e) Par « torture », on entend le fait d'infliger intentionnellement une douleur ou des souffrances aiguës, physiques ou mentales, à une personne se trouvant sous sa garde ou sous son contrôle ; l'acception de ce terme ne s'étend pas à la douleur ou aux souffrances résultant uniquement de sanctions légales, inhérentes à ces sanctions ou occasionnées par elles ;

f) Par « grossesse forcée », on entend la détention illégale d'une femme mise enceinte de force, dans l'intention de modifier la composition ethnique d'une population ou de commettre d'autres violations graves du droit international. Cette définition ne peut en aucune manière s'interpréter comme ayant une incidence sur les lois nationales relatives à la grossesse ;

g) Par « persécution », on entend le déni intentionnel et grave de droits fondamentaux en violation du droit international, pour des motifs liés à l'identité du groupe ou de la collectivité qui en fait l'objet ;

h) Par « crime d'apartheid », on entend des actes inhumains analogues à ceux Statut de Rome de la Cour pénale internationale 5 que vise le paragraphe 1, commis dans le cadre d'un régime institutionnalisé d'oppression systématique et de domination d'un groupe racial sur tout autre groupe racial ou tous autres groupes raciaux et dans l'intention de maintenir ce régime ;

i) Par « disparitions forcées de personnes », on entend les cas où des personnes sont arrêtées, détenues ou enlevées par un État ou une organisation politique ou avec l'autorisation, l'appui ou l'assentiment de cet État ou de cette organisation, qui refuse ensuite d'admettre que ces personnes sont privées de liberté ou de révéler le sort qui leur est réservé ou l'endroit où elles se trouvent, dans l'intention de les soustraire à la protection de la loi pendant une période prolongée.

3. Aux fins du présent Statut, le terme « sexe » s'entend de l'un et l'autre sexes, masculin et féminin, suivant le contexte de la société. Il n'implique aucun autre sens.

### Article 8 – Crimes de guerre

1. La Cour a compétence à l'égard des crimes de guerre, en particulier lorsque ces crimes s'inscrivent dans le cadre d'un plan ou d'une politique ou lorsqu'ils font partie d'une série de crimes analogues commis sur une grande échelle.

2. Aux fins du Statut, on entend par « crimes de guerre » :

a) Les infractions graves aux Conventions de Genève du 12 août 1949, à savoir l'un quelconque des actes ci-après lorsqu'ils visent des personnes ou des biens protégés par les dispositions des Conventions de Genève :

i) L'homicide intentionnel ;

ii) La torture ou les traitements inhumains, y compris les expériences biologiques ;

iii) Le fait de causer intentionnellement de grandes souffrances ou de porter gravement atteinte à l'intégrité physique ou à la santé ;

iv) La destruction et l'appropriation de biens, non justifiées par des nécessités militaires et exécutées sur une grande échelle de façon illicite et arbitraire ;

v) Le fait de contraindre un prisonnier de guerre ou une personne protégée à servir dans les forces d'une puissance ennemie ;

vi) Le fait de priver intentionnellement un prisonnier de guerre ou toute autre personne protégée de son droit d'être jugé régulièrement et impartialement ;

vii) La déportation ou le transfert illégal ou la détention illégale ;

viii) La prise d'otages ;

b) Les autres violations graves des lois et coutumes applicables aux conflits armés internationaux dans le cadre établi du droit international, à savoir, l'un quelconque des actes ci-après :

i) Le fait de diriger intentionnellement des attaques contre la population civile en tant que telle ou contre des civils qui ne participent pas directement part aux hostilités ;

ii) Le fait de diriger intentionnellement des attaques contre des biens de caractère civil, c'est-à-dire des biens qui ne sont pas des objectifs militaires ;

iii) Le fait de diriger intentionnellement des attaques contre le personnel, les installations, le matériel, les unités ou les véhicules employés dans le cadre d'une mission d'aide humanitaire ou de maintien de la paix conformément à la Charte des Nations unies, pour autant qu'ils aient droit à la protection que le droit international des conflits armés garantit aux civils et aux biens de caractère civil ;

iv) Le fait de diriger intentionnellement une attaque en sachant qu'elle causera incidemment des pertes en vies humaines dans la population civile, des blessures aux personnes civiles, des dommages aux biens de caractère civil ou des dommages étendus, durables et graves à l'environnement naturel qui seraient manifestement excessifs par rapport à l'ensemble de l'avantage militaire concret et direct attendu ;

v) Le fait d'attaquer ou de bombarder, par quelque moyen que ce soit, des villes, villages, habitations ou bâtiments qui ne sont pas défendus et qui ne sont pas des objectifs militaires ;

vi) Le fait de tuer ou de blesser un combattant qui, ayant déposé les armes ou n'ayant plus de moyens de se défendre, s'est rendu à discrétion ;

vii) Le fait d'utiliser indûment le pavillon parlementaire, le drapeau ou les insignes militaires et l'uniforme de l'ennemi ou de l'Organisation des Nations unies, ainsi que les signes distinctifs prévus par les Conventions de Genève, et, ce faisant, de causer la perte de vies humaines ou des blessures graves ;

viii) Le transfert, direct ou indirect, par une puissance occupante d'une partie de sa population civile, dans le territoire qu'elle occupe, ou la déportation ou le transfert à l'intérieur ou hors du territoire occupé de la totalité ou d'une partie de la population de ce territoire ;

ix) Le fait de diriger intentionnellement des attaques contre des bâtiments consacrés à la religion, à l'enseignement, à l'art, à la science ou à l'action caritative, des monuments historiques, des hôpitaux et des lieux où des malades ou des blessés sont rassemblés, à condition qu'ils ne soient pas des objectifs militaires ;

x) Le fait de soumettre des personnes d'une partie adverse tombées en son pouvoir à des mutilations ou à des expériences médicales ou scientifiques quelles qu'elles soient qui ne sont ni motivées par un traitement médical, dentaire ou hospitalier, ni effectuées dans l'intérêt de ces personnes, et qui entraînent la mort de celles-ci ou mettent sérieusement en danger leur santé ;

xi) Le fait de tuer ou de blesser par traîtrise des individus appartenant à la nation ou à l'armée ennemie ;

xii) Le fait de déclarer qu'il ne sera pas fait de quartier ;

xiii) Le fait de détruire ou de saisir les biens de l'ennemi, sauf dans les cas où ces destructions ou saisies seraient impérieusement commandées Statut de Rome de la Cour pénale internationale 7 par les nécessités de la guerre ;

xiv) Le fait de déclarer éteints, suspendus ou non recevables en justice les droits et actions des nationaux de la partie adverse ;

xv) Le fait pour un belligérant de contraindre les nationaux de la partie adverse à prendre part aux opérations de guerre dirigées contre leur pays, même s'ils étaient au service de ce belligérant avant le commencement de la guerre ;

xvi) Le pillage d'une ville ou d'une localité, même prise d'assaut ;

xvii) Le fait d'employer du poison ou des armes empoisonnées ;

xviii) Le fait d'employer des gaz asphyxiants, toxiques ou similaires, ainsi que tous liquides, matières ou procédés analogues ;

xix) Le fait d'utiliser des balles qui s'épanouissent ou s'aplatissent facilement dans le corps humain, telles que des balles dont l'enveloppe dure ne recouvre pas entièrement le centre ou est percée d'entailles ;

xx) Le fait d'employer les armes, projectiles, matières et

méthodes de guerre de nature à causer des maux superflus ou des souffrances inutiles ou à frapper sans discrimination en violation du droit international des conflits armés, à condition que ces armes, projectiles, matières et méthodes de guerre fassent l'objet d'une interdiction générale et qu'ils soient inscrits dans une annexe au présent Statut, par voie d'amendement adopté selon les dispositions des articles 121 et 123 ;

xxi) Les atteintes à la dignité de la personne, notamment les traitements humiliants et dégradants ;

xxii) Le viol, l'esclavage sexuel, la prostitution forcée, la grossesse forcée, telle que définie à l'article 7, paragraphe 2, alinéa f), la stérilisation forcée ou toute autre forme de violence sexuelle constituant une infraction grave aux Conventions de Genève ;

xxiii) Le fait d'utiliser la présence d'un civil ou d'une autre personne protégée pour éviter que certains points, zones ou forces militaires ne soient la cible d'opérations militaires ;

xxiv) Le fait de diriger intentionnellement des attaques contre les bâtiments, le matériel, les unités et les moyens de transport sanitaires, et le personnel utilisant, conformément au droit international, les signes distinctifs prévus par les Conventions de Genève ;

xxv) Le fait d'affamer délibérément des civils comme méthode de guerre, en les privant de biens indispensables à leur survie, y compris en empêchant intentionnellement l'envoi des secours prévus par les Conventions de Genève ;

xxvi) Le fait de procéder à la conscription ou à l'enrôlement d'enfants de moins de 15 ans dans les forces armées nationales ou de les faire participer activement à des hostilités ;

c) En cas de conflit armé ne présentant pas un caractère international, les violations graves de l'article 3 commun aux quatre Conventions de Genève du 12 août 1949…

## Article $8^{bis}$ – Crime d'agression

1. Aux fins du présent Statut, on entend par « crime d'agression » la planification, la préparation, le lancement ou l'exécution par une personne effectivement en mesure de contrôler ou de diriger l'action politique ou militaire d'un État, d'un

acte d'agression qui, par sa nature, sa gravité et son ampleur, constitue une violation manifeste de la Charte des Nations unies.

2. Aux fins du paragraphe 1, on entend par « acte d'agression » l'emploi par un État de la force armée contre la souveraineté, l'intégrité territoriale ou l'indépendance politique d'un autre État, ou de toute autre manière incompatible avec la Charte des Nations unies. Qu'il y ait ou non déclaration de guerre, les actes suivants sont des actes d'agression au regard de la résolution 3314 (XXIX) de l'Assemblée générale des Nations unies en date du 14 décembre 1974 :

a) L'invasion ou l'attaque par les forces armées d'un État du territoire d'un autre État ou l'occupation militaire, même temporaire, résultant d'une telle invasion ou d'une telle attaque, ou l'annexion par la force de la totalité ou d'une partie du territoire d'un autre État ;

b) Le bombardement par les forces armées d'un État du territoire d'un autre État, ou l'utilisation d'une arme quelconque par un État contre le territoire d'un autre État ;

c) Le blocus des ports ou des côtes d'un État par les forces armées d'un autre État ;

d) L'attaque par les forces armées d'un État des forces terrestres, maritimes ou aériennes, ou des flottes aériennes et maritimes d'un autre État ;

e) L'emploi des forces armées d'un État qui se trouvent dans le territoire d'un autre État avec l'agrément de celui-ci en contravention avec les conditions fixées dans l'accord pertinent, ou la prolongation de la présence de ces forces sur ce territoire après l'échéance de l'accord pertinent ;

f) Le fait pour un État de permettre que son territoire, qu'il a mis à la disposition d'un autre État, serve à la commission par cet autre État d'un acte d'agression contre un État tiers ;

g) L'envoi par un État ou au nom d'un État de bandes, groupes, troupes irrégulières ou mercenaires armés qui exécutent contre un autre État des actes assimilables à ceux de forces armées d'une gravité égale à celle des actes énumérés ci-dessus, ou qui apportent un concours substantiel à de tels actes.

### Article 13 – Exercice de la compétence

La Cour peut exercer sa compétence à l'égard d'un crime visé à l'article 5, conformément aux dispositions du présent Statut :

a) Si une situation dans laquelle un ou plusieurs de ces crimes paraissent avoir été commis est déférée au Procureur par un État Partie, comme prévu à l'article 14 ;

b) Si une situation dans laquelle un ou plusieurs de ces crimes paraissent avoir été commis est déférée au Procureur par le Conseil de sécurité agissant en vertu du chapitre VII de la Charte des Nations unies ; ou

c) Si le Procureur a ouvert une enquête sur le crime en question en vertu de l'article 15.

### Article 15 – Le Procureur

1. Le Procureur peut ouvrir une enquête de sa propre initiative au vu de renseignements concernant des crimes relevant de la compétence de la Cour.

2. Le Procureur vérifie le sérieux des renseignements reçus. À cette fin, il peut rechercher des renseignements supplémentaires auprès d'États, d'organes de l'Organisation des Nations unies, d'organisations intergouvernementales et non gouvernementales, ou d'autres sources dignes de foi qu'il juge appropriées, et recueillir des dépositions écrites ou orales au siège de la Cour.

3. S'il conclut qu'il y a une base raisonnable pour ouvrir une enquête, le Procureur présente à la Chambre préliminaire une demande d'autorisation en ce sens, accompagnée de tout élément justificatif recueilli. Les victimes peuvent adresser des représentations à la Chambre préliminaire, conformément au Règlement de procédure et de preuve.

4. Si elle estime, après examen de la demande et des éléments justificatifs qui l'accompagnent, qu'il existe une base raisonnable pour ouvrir une enquête et que l'affaire semble relever de la compétence de la Cour, la Chambre préliminaire donne son autorisation, sans préjudice des décisions que la Cour prendra ultérieurement en matière de compétence et de recevabilité.

5. Une réponse négative de la Chambre préliminaire n'empêche

pas le Procureur de présenter par la suite une nouvelle demande en se fondant sur des faits ou des éléments de preuve nouveaux ayant trait à la même situation.

6. Si, après l'examen préliminaire visé aux paragraphes 1 et 2, le Procureur conclut que les renseignements qui lui ont été soumis ne constituent pas une base raisonnable pour l'ouverture d'une enquête, il en avise ceux qui les lui ont fournis. Il ne lui est pas pour autant interdit d'examiner, à la lumière de faits ou d'éléments de preuve nouveaux, les autres renseignements qui pourraient lui être communiqués au sujet de la même affaire.

**Article 15bis – Exercice de la compétence à l'égard du crime d'agression**

1. La Cour peut exercer sa compétence à l'égard du crime d'agression conformément aux paragraphes a) et c) de l'article 13, sous réserve des dispositions qui suivent.

2. La Cour peut exercer sa compétence uniquement à l'égard de crimes d'agression commis un an après la ratification ou l'acceptation des amendements par trente États Parties.

3. La Cour exerce sa compétence à l'égard du crime d'agression conformément à cet article, sous réserve d'une décision qui sera prise après le 1er janvier 2017 par la même majorité d'États Parties que celle requise pour l'adoption d'un amendement au Statut.

4. La Cour peut, conformément à l'article 12, exercer sa compétence à l'égard d'un crime d'agression résultant d'un acte d'agression commis par un État Partie à moins que cet État Partie n'ait préalablement déclaré qu'il n'acceptait pas une telle compétence en déposant une déclaration auprès du Greffier. Le retrait d'une telle déclaration peut être effectué à tout moment et sera envisagé par l'État Partie dans un délai de trois ans.

5. En ce qui concerne un État qui n'est pas Partie au présent Statut, la Cour n'exerce pas sa compétence à l'égard du crime d'agression quand celui-ci est commis par des ressortissants de cet État ou sur son territoire.

6. Lorsque le Procureur conclut qu'il y a une base raisonnable pour mener une enquête pour crime d'agression, il s'assure

d'abord que le Conseil de sécurité a constaté qu'un acte d'agression avait été commis par l'État en cause. Il avise le Secrétaire général de l'Organisation des Nations unies de la situation portée devant la Cour et lui communique toute information et tout document utiles.

7. Lorsque le Conseil de sécurité a constaté un acte d'agression, le Procureur peut mener l'enquête sur ce crime.

8. Lorsqu'un tel constat n'est pas fait dans les six mois suivant la date de l'avis, le Procureur peut mener une enquête pour crime d'agression, à condition que la Section préliminaire ait autorisé l'ouverture d'une enquête pour crime d'agression selon la procédure fixée à l'article 15, et que le Conseil de sécurité n'en ait pas décidé autrement, conformément à l'article 16.

9. Le constat d'un acte d'agression par un organe extérieur à la Cour est sans préjudice des constatations que fait la Cour elle-même en vertu du présent Statut.

10. Le présent article est sans préjudice des dispositions relatives à l'exercice de la compétence à l'égard des autres crimes visés à l'article 5.

### Article 25 – Responsabilité pénale individuelle

1. La Cour est compétente à l'égard des personnes physiques en vertu du présent Statut.

2. Quiconque commet un crime relevant de la compétence de la Cour est individuellement responsable et peut être puni conformément au présent Statut.

3. Aux termes du présent Statut, une personne est pénalement responsable et peut être punie pour un crime relevant de la compétence de la Cour si :

a) Elle commet un tel crime, que ce soit individuellement, conjointement avec une autre personne ou par l'intermédiaire d'une autre personne, que cette autre personne soit ou non pénalement responsable ;

b) Elle ordonne, sollicite ou encourage la commission d'un tel crime, dès lors qu'il y a commission ou tentative de commission de ce crime ;

c) En vue de faciliter la commission d'un tel crime, elle

apporte son aide, son concours ou toute autre forme d'assistance à la commission ou à la tentative de commission de ce crime, y compris en fournissant les moyens de cette commission ;

d) Elle contribue de toute autre manière à la commission ou à la tentative de commission d'un tel crime par un groupe de personnes agissant de concert. Cette contribution doit être intentionnelle et, selon le cas :

i) Viser à faciliter l'activité criminelle ou le dessein criminel du groupe, si cette activité ou ce dessein comporte l'exécution d'un crime relevant de la compétence de la Cour ;

ii) Être faite en pleine connaissance de l'intention du groupe de commettre ce crime ;

e) S'agissant du crime de génocide, elle incite directement et publiquement autrui à le commettre ;

f) Elle tente de commettre un tel crime par des actes qui, par leur caractère substantiel, constituent un commencement d'exécution mais sans que le crime soit accompli en raison de circonstances indépendantes de sa volonté. Toutefois, la personne qui abandonne l'effort tendant à commettre le crime ou en empêche de quelque autre façon l'achèvement ne peut être punie en vertu du présent Statut pour sa tentative si elle a complètement et volontairement renoncé au dessein criminel.

### Article 27 – Défaut de pertinence de la qualité officielle

1. Le présent Statut s'applique à tous de manière égale, sans aucune distinction fondée sur la qualité officielle. En particulier, la qualité officielle de chef d'État ou de gouvernement, de membre d'un gouvernement ou d'un parlement, de représentant élu ou d'agent d'un État, n'exonère en aucun cas de la responsabilité pénale au regard du présent Statut, pas plus qu'elle ne constitue en tant que telle un motif de réduction de la peine.

2. Les immunités ou règles de procédure spéciales qui peuvent s'attacher à la qualité officielle d'une personne, en vertu du droit interne ou du droit international, n'empêchent pas la Cour d'exercer sa compétence à l'égard de cette personne.

### Article 33 – Ordre hiérarchique et ordre de la loi

1. Le fait qu'un crime relevant de la compétence de la Cour a été commis sur ordre d'un gouvernement ou d'un supérieur, militaire ou civil, n'exonère pas la personne qui l'a commis de sa responsabilité pénale, à moins que :

a) Cette personne n'ait eu l'obligation légale d'obéir aux ordres du gouvernement ou du supérieur en question ;

b) Cette personne n'ait pas su que l'ordre était illégal ; et

c) L'ordre n'ait pas été manifestement illégal.

2. Aux fins du présent article, l'ordre de commettre un génocide ou un crime contre l'humanité est manifestement illégal.

## 7. Cour pénale internationale. Chambre d'appel Arrêt du 15 décembre 2022. Affaire *le Procureur contre Dominic Ongwen*

### Extraits du résumé de l'arrêt lu par Mme la juge Luz del Carmen Ibáñez Carranza, juge président de la Chambre d'appel, en audience publique du 15 décembre 2022*.

*Allégations d'erreurs concernant les conclusions de la Chambre de première instance relativement à la responsabilité pénale.*

« … 26. Dans le cadre de ses moyens d'appel 60, 64, 65, 68, 28 (en partie), 69, 70 et 74 à 86, la Défense conteste certaines des constatations à partir desquelles la Chambre de première instance a conclu à la responsabilité pénale de Dominic Ongwen en tant qu'auteur indirect, au moyen d'un appareil de pouvoir organisé, des crimes commis dans le contexte des attaques lancées contre le camp de personnes déplacées de Lukodi le 19 mai 2004 ou vers cette date et contre le camp de personnes déplacées d'Abok le

* Résumé de l'arrêt, n° ICC-02/04-01/15 A, disponible sur le site internet de la CPI (https://www.icc-cpi.int/fr/news/affaire-ongwen-la-chambre-dappel-de-la-cpi-confirme-les-decisions-relatives-la-culpabilite-et).

8 juin 2004 ou vers cette date et, en tant que coauteur indirect, au moyen d'un appareil de pouvoir organisé, i) des crimes commis dans le contexte des attaques contre le camp de personnes déplacées de Pajule le 10 octobre 2003 ou vers cette date et contre le camp de personnes déplacées d'Odek le 29 avril 2004 ou vers cette date, ii) des crimes sexuels ou sexistes perpétrés indirectement par Dominic Ongwen, et iii) de la conscription d'enfants de moins de 15 ans et de leur utilisation dans les hostilités.

27. La Chambre d'appel relève que les arguments que la Défense soulève en appel reposent dans une large mesure soit sur une mauvaise compréhension de la commission indirecte et de la coaction indirecte comme modes de responsabilité prévus à l'article 25-3-a du Statut, soit sur un désaccord quant à ce qu'elles sont. La Chambre d'appel estime par conséquent important, en l'espèce et pour les affaires à venir, d'exposer les paramètres de ces modes de responsabilité. 15

28. La formulation de l'article 25-3-a du Statut est claire quant au fait qu'une personne est considérée comme un auteur dès lors qu'elle i) commet directement un crime « individuellement » (commission directe), ii) commet un crime conjointement avec une autre personne (coaction), et/ou iii) commet indirectement un crime (commission indirecte). Si les auteurs directs sont ceux qui exécutent physiquement les éléments des crimes, les auteurs indirects exercent un contrôle sur le crime en contrôlant les actes des auteurs directs. Dans ce dernier cas, les auteurs directs sont des instruments utilisés pour la commission des crimes.

29. Généralement, les auteurs indirects contrôlent les actes des auteurs directs de différentes façons, y compris lorsque les auteurs directs ne sont pas responsables – par exemple parce qu'ils sont mineurs d'âge, handicapés mentaux ou qu'ils ont agi sous la contrainte –, et contrôlent leur volonté au moyen d'une structure de pouvoir organisée. La question de savoir si l'auteur indirect exerce un contrôle sur les actes des auteurs physiques du fait qu'il contrôle leur volonté au moyen du fonctionnement d'une structure hiérarchique organisée est une considération factuelle. Par conséquent, l'utilisation d'un appareil de pouvoir

organisé n'est pas une condition exigée en droit pour établir ce mode de responsabilité spécifique.

30. De façon générale, les caractéristiques suivantes d'un appareil de pouvoir organisé peuvent aider à déterminer si l'auteur indirect exerçait un contrôle sur les crimes du fait qu'il contrôlait la volonté des auteurs physiques : l'organisation hiérarchique de l'appareil ; son automatisme fonctionnel ; le fait que ses membres soient remplaçables ; et le fait que les actes criminels de l'auteur direct bénéficient à l'organisation. Ainsi, dans un appareil de pouvoir organisé, ce sont typiquement les personnes qui sont au sommet de l'organisation qui exercent un contrôle fonctionnel sur les crimes commis tandis que les membres situés au bas de l'échelle sont interchangeables (fongibles).

31. S'agissant de la proximité ou de l'éloignement physique de l'auteur indirect par rapport au lieu où a été commis l'acte criminel, il est vrai que, de façon générale, en cas de commission directe, plus la personne est éloignée du lieu de l'acte criminel, plus elle se trouve en marge de l'événement et moins elle a de contrôle sur les actes. Cependant, en cas de commission indirecte au moyen d'un appareil de pouvoir organisé, c'est l'inverse qui est généralement vrai, et l'absence de proximité par rapport à l'acte est alors compensée par un degré de contrôle croissant sur l'organisation à mesure que l'on monte dans la hiérarchie de l'appareil.

32. En l'espèce, la Défense semble remettre en question l'existence de la coaction indirecte en tant que mode de responsabilité prévu par le Statut. La Chambre d'appel fait observer que la coaction indirecte constitue un mode de responsabilité intégré prévu par le Statut, qui combine les éléments constitutifs de la commission indirecte et ceux de la coaction et est, par conséquent compatible avec le principe de légalité et les droits de l'accusé. Les principaux éléments de la coaction indirecte sont : i) le contrôle exercé par les coauteurs indirects sur le crime, qui, en cas de commission au moyen d'un appareil de pouvoir organisé, s'exerce grâce au contrôle de la volonté des auteurs directs au moyen du fonctionnement automatique de

l'appareil en question ; et ii) l'existence d'un accord ou d'un plan commun entre les personnes qui réalisent les éléments du crime par l'intermédiaire d'une ou de plusieurs autres personnes, y compris lorsque ces personnes font partie d'un appareil de pouvoir organisé.

33. Par conséquent, la Chambre d'appel rejette les arguments de la Défense qui reposent soit sur une mauvaise compréhension de la commission indirecte et de la coaction indirecte comme modes de responsabilité visés à l'article 25-3-a du Statut, soit sur un désaccord quant à ce qu'elles sont… »

## 8. Résolution du 2 mars 2022 de l'Assemblée générale des Nations unies « Agression contre l'Ukraine » (A/RES/ES-11/1)

*L'Assemblée générale,*

*Réaffirmant* l'importance primordiale de la Charte des Nations unies pour la promotion du respect de la légalité parmi les nations,

*Rappelant* que, en vertu de l'Article 2 de la Charte, tous les États sont tenus de s'abstenir, dans leurs relations internationales, de recourir à la menace ou à l'emploi de la force, soit contre l'intégrité territoriale ou l'indépendance politique de tout État, soit de toute autre manière incompatible avec les buts des Nations Unies, et de régler leurs différends internationaux par des moyens pacifiques,

*Rappelant également* que, en vertu du paragraphe 2 de l'Article 2 de la Charte, les Membres de l'Organisation, afin d'assurer à tous la jouissance des droits et avantages résultant de leur qualité de Membre, doivent remplir de bonne foi les obligations qu'ils ont assumées aux termes de la Charte,

*Prenant note* de la résolution 2623 (2022) du Conseil de sécurité en date du 27 février 2022, par laquelle le Conseil a convoqué une session extraordinaire d'urgence de l'Assemblée générale pour examiner la question figurant dans le document publié sous la cote S/Agenda/8979,

*Rappelant* sa résolution 377 A (V) du 3 novembre 1950, intitulée « L'union pour le maintien de la paix », et considérant que l'absence d'unanimité parmi les membres permanents du Conseil de sécurité lors de sa 8 979ᵉ séance a empêché celui-ci d'exercer sa responsabilité principale en matière de maintien de la paix et de la sécurité internationales,

*Rappelant également* sa résolution 2625 (XXV) du 24 octobre 1970, par laquelle elle a approuvé la Déclaration relative aux principes du droit international touchant les relations amicales et la coopération entre les États conformément à la Charte des Nations unies, et réaffirmant les principes qui y sont énoncés, à savoir que le territoire d'un État ne peut faire l'objet d'une acquisition par un autre État à la suite du recours à la menace ou à l'emploi de la force, et que toute action visant à rompre partiellement ou totalement l'unité nationale, l'intégrité territoriale ou l'indépendance politique d'un État ou d'un pays est incompatible avec les buts et les principes de la Charte,

*Rappelant en outre* sa résolution 3314 (XXIX) du 14 décembre 1974, dans laquelle l'agression est définie comme l'emploi de la force armée par un État contre la souveraineté, l'intégrité territoriale ou l'indépendance politique d'un autre État, ou de toute autre manière incompatible avec la Charte,

*Ayant à l'esprit* qu'il importe de maintenir et de consolider la paix internationale, qui repose sur la liberté, l'égalité, la justice et le respect des droits humains, et de développer des relations amicales entre les nations, quel que soit leur système politique, économique ou social ou leur niveau de développement,

*Rappelant* l'Acte final de la Conférence sur la sécurité et la coopération en Europe, signé à Helsinki le 1er août 1975, et le Mémorandum concernant les garanties de sécurité liées à l'adhésion de l'Ukraine au Traité sur la non-prolifération des armes nucléaires (Mémorandum de Budapest), en date du 5 décembre 1994,

*Condamnant* la déclaration du 24 février 2022 dans laquelle la

Fédération de Russie a annoncé le lancement d'une « opération militaire spéciale » en Ukraine,

*Réaffirmant* que nulle acquisition territoriale obtenue par la menace ou l'emploi de la force ne sera reconnue comme légale,

*Se déclarant gravement préoccupée* par les informations faisant état d'attaques contre des installations civiles telles que des habitations, des écoles et des hôpitaux, ainsi que de victimes civiles, dont des femmes, des personnes âgées, des personnes en situation de handicap et des enfants,

*Constatant* que les opérations militaires russes menées à l'intérieur du territoire souverain de l'Ukraine auxquelles la communauté internationale assiste sont d'une ampleur jamais vue en Europe depuis des décennies et considérant que des mesures doivent être prises d'urgence pour sauver la génération actuelle du fléau de la guerre,

*Faisant sienne* la déclaration du Secrétaire général en date 24 février 2022, dans laquelle celui-ci a rappelé que l'emploi de la force par un pays contre un autre était une répudiation des principes que tout pays s'était engagé à respecter et que l'offensive militaire actuelle de la Fédération de Russie était contraire à la Charte des Nations unies,

*Condamnant* la décision de la Fédération de Russie d'augmenter le niveau de préparation de ses forces nucléaires,

*Se déclarant gravement préoccupée* par la détérioration de la situation humanitaire en Ukraine et aux alentours, qui se traduit par un accroissement du nombre de déplacés et de réfugiés ayant besoin d'une aide humanitaire,

*Se déclarant préoccupée également* par le fait que le conflit pourrait exacerber l'insécurité alimentaire à l'échelle planétaire, l'Ukraine et la région étant parmi les plus gros exportateurs mondiaux de céréales et de produits agricoles, alors que des millions de personnes sont en proie à la famine ou exposées à un risque immédiat de famine ou à une grave insécurité alimentaire dans plusieurs régions du monde, et qu'il pourrait avoir des répercussions sur la sécurité énergétique,

*Se félicitant* des efforts incessants que déploient le Secrétaire général, l'Organisation pour la sécurité et la coopération en Europe et d'autres organisations internationales et régionales pour désamorcer la situation concernant l'Ukraine, et encourageant la poursuite du dialogue,

1. *Réaffirme son attachement* à la souveraineté, à l'indépendance, à l'unité et à l'intégrité territoriale de l'Ukraine à l'intérieur de ses frontières internationalement reconnues, s'étendant à ses eaux territoriales ;

2. *Déplore* dans les termes les plus vifs l'agression commise par la Fédération de Russie contre l'Ukraine en violation du paragraphe 4 de l'Article 2 de la Charte ;

3. *Exige* que la Fédération de Russie cesse immédiatement d'employer la force contre l'Ukraine et s'abstienne de tout nouveau recours illicite à la menace ou à l'emploi de la force contre tout État membre ;

4. *Exige également* que la Fédération de Russie retire immédiatement, complètement et sans condition toutes ses forces militaires du territoire ukrainien à l'intérieur des frontières internationalement reconnues du pays ;

5. *Déplore* la décision prise le 21 février 2022 par la Fédération de Russie concernant le statut de certaines zones des régions ukrainiennes de Donetsk et de Louhansk, qui constitue une violation de l'intégrité territoriale et de la souveraineté de l'Ukraine et contrevient aux principes de la Charte ;

6. *Exige* que la Fédération de Russie revienne immédiatement et sans condition sur sa décision relative au statut de certaines zones des régions ukrainiennes de Donetsk et de Louhansk ;

7. *Demande* à la Fédération de Russie de se conformer aux principes énoncés dans la Charte et dans la Déclaration relative aux principes du droit international touchant les relations amicales et la coopération entre les États conformément à la Charte des Nations unies ;

8. *Exhorte* les parties à respecter les accords de Minsk et à œuvrer de manière constructive dans les cadres internationaux pertinents, notamment le format Normandie et le Groupe de contact trilatéral, en vue de leur pleine application ;

9. *Demande instamment* à toutes les parties de permettre des voies de sortie sûres et sans restrictions du territoire ukrainien et de faciliter l'acheminement rapide, en toute sécurité et sans entrave, de l'aide humanitaire aux personnes qui en ont besoin en Ukraine, de protéger les civils, notamment le personnel humanitaire et les personnes en situation de vulnérabilité, en particulier les femmes, les personnes âgées, les personnes en situation de handicap, les peuples autochtones, les migrants et les enfants, et de respecter les droits humains ;

10. *Déplore* que le Bélarus se soit associé à ce recours illégal à la force contre l'Ukraine et lui demande de respecter ses obligations internationales ;

11. *Condamne* toutes les violations du droit international humanitaire et les violations des droits humains et atteintes à ces droits, et engage toutes les parties à respecter strictement les dispositions applicables du droit international humanitaire, notamment les Conventions de Genève de 1949 et le Protocole additionnel I de 1977s'y rapportant, selon qu'il conviendra, et à respecter le droit international des droits de l'homme, et, à cet égard, enjoint à toutes les parties de garantir le respect et la protection de l'ensemble du personnel médical et des agents humanitaires dont l'activité est d'ordre exclusivement médical, de leurs moyens de transport et de leur matériel, ainsi que des hôpitaux et autres installations médicales ;

12. *Exige* de toutes les parties qu'elles respectent pleinement les obligations que leur impose le droit international humanitaire, à savoir épargner la population civile et les biens de caractère civil, s'abstenir d'attaquer, de détruire, d'enlever ou de mettre hors d'usage des biens indispensables à la survie de la population civile, et respecter et protéger le personnel humanitaire et les articles destinés aux opérations de secours humanitaire ;

13. *Prie* le Coordonnateur des secours d'urgence de fournir, 30 jours après l'adoption de la présente résolution, un rapport sur la situation humanitaire en Ukraine et sur l'action humanitaire ;

14. *Demande instamment* le règlement pacifique immédiat du conflit entre la Fédération de Russie et l'Ukraine par voie de dialogue, de négociation, de médiation et autres moyens pacifiques ;

15. *Salue* les efforts que le Secrétaire général, les États membres, l'Organisation pour la sécurité et la coopération en Europe et d'autres organisations internationales et régionales ne cessent de déployer pour désamorcer la situation actuelle, ainsi que l'action menée par l'Organisation des Nations unies, notamment le Coordonnateur des Nations unies pour la crise en Ukraine, et les organisations humanitaires pour faire face à la crise humanitaire et à la crise des réfugiés provoquées par l'agression de la Fédération de Russie, et en demande instamment la poursuite ;

16. *Décide* d'ajourner à titre provisoire sa onzième session extraordinaire d'urgence et d'autoriser son président à la rouvrir à la demande des États membres.

## 9. Résolution du 24 mars 2022 de l'Assemblée générale des Nations unies, « Conséquences humanitaires de l'agression contre l'Ukraine » (A/RES/ES-11/2)

*L'Assemblée générale,*

*Réaffirmant* sa détermination à préserver les générations futures du fléau de la guerre,

*Réaffirmant* ses résolutions 46/182 du 19 décembre 1991 et 76/124 du 10 décembre 2021,

*Rappelant* que, en vertu de l'Article 2 de la Charte des Nations unies, tous les États sont tenus de s'abstenir, dans leurs relations internationales, de recourir à la menace ou à l'emploi de la force, soit contre l'intégrité territoriale ou l'indépendance politique de tout État, soit de toute autre manière incompatible avec les buts des Nations Unies, et de régler leurs différends internationaux par des moyens pacifiques,

*Réaffirmant* son attachement à la souveraineté, à l'indépendance, à l'unité et à l'intégrité territoriale de l'Ukraine à l'intérieur de ses frontières internationalement reconnues, s'étendant à ses eaux territoriales,

*Constatant* que l'offensive militaire menée par la Fédération de Russie à l'intérieur du territoire souverain de l'Ukraine et ses conséquences humanitaires sont d'une ampleur que la communauté internationale n'a pas vue en Europe depuis des décennies,

*Réitérant* l'appel adressé par le Secrétaire général à la Fédération de Russie pour qu'elle mette fin à l'offensive militaire, ainsi que son appel à l'instauration d'un cessez-le-feu et au retour à la voie du dialogue et des négociations,

*Rappelant* qu'elle a exigé que la Fédération de Russie retire immédiatement, complètement et sans condition toutes ses forces militaires du territoire ukrainien à l'intérieur des frontières internationalement reconnues du pays,

*Déplorant* les conséquences humanitaires désastreuses des hostilités menées par la Fédération de Russie contre l'Ukraine, notamment les sièges, bombardements et frappes aériennes visant des villes densément peuplées d'Ukraine, en particulier Marioupol, ainsi que les attaques frappant des civils, y compris des journalistes, et des biens de caractère civil, en particulier des écoles et autres établissements d'enseignement, des réseaux de distribution d'eau et d'assainissement, des installations médicales et leurs moyens de transport et leur matériel, et les enlèvements de responsables locaux, ainsi que les attaques frappant des bâtiments diplomatiques et des sites culturels,

*Se déclarant gravement préoccupée* par la détérioration de la situation humanitaire en Ukraine et aux alentours, en particulier le nombre élevé de victimes civiles, dont des femmes et des enfants, et l'accroissement du nombre de déplacés et de réfugiés ayant besoin d'une aide humanitaire,

*Réaffirmant* la nécessité de protéger, sans aucune forme de discrimination, la sécurité, la dignité, les droits humains et les libertés fondamentales des personnes fuyant le conflit et la violence, quel que soit leur statut, tout en œuvrant pour la sécurité et la prospérité de toutes les communautés, et condamnant à cet égard tous les actes, manifestations et expressions de racisme, de discrimination raciale, de xénophobie et d'intolérance y associée à l'égard des personnes en mouvement, y compris les réfugiés,

*Condamnant* fermement toutes les attaques dirigées contre les civils en tant que tels et les autres personnes et biens de caractère civil protégés, y compris les convois d'évacuation de civils, ainsi que les attaques aveugles et disproportionnées, y compris les bombardements frappant sans discrimination et l'utilisation aveugle d'armes explosives, et se déclarant préoccupée par les risques à long terme que présentent les dommages causés aux infrastructures civiles et les munitions non explosées pour la population civile,

*Soulignant* que les conflits armés ont des répercussions particulières sur les femmes et les enfants, notamment lorsqu'ils sont réfugiés ou déplacés à l'intérieur de leur pays, ainsi que sur d'autres civils ayant des besoins particuliers, y compris les personnes en situation de handicap et les personnes âgées, et soulignant également qu'il faut garantir des voies de passage sûr à toutes les populations civiles touchées et leur apporter protection et assistance,

*Exprimant* sa profonde gratitude pour les efforts considérables et admirables qui ont été faits par les pays voisins pour accueillir les réfugiés,

*Se déclarant préoccupée* par le fait que le conflit exacerbe l'insécurité alimentaire à l'échelle planétaire, en particulier dans les pays les moins avancés, l'Ukraine et la région étant parmi les plus gros exportateurs mondiaux de céréales et de produits agricoles, alors que des millions de personnes font face à la famine ou à un risque immédiat de famine ou à une grave insécurité alimentaire dans plusieurs régions du monde, et qu'il a des répercussions sur la sécurité énergétique,

*Rappelant* la corrélation qui existe entre les conflits armés et la violence, d'une part, et l'insécurité alimentaire induite par les conflits et le risque de famine, d'autre part, et soulignant à cet égard que les conflits armés, les violations du droit international humanitaire et du droit international des droits de l'homme et l'insécurité alimentaire peuvent être des facteurs de déplacements forcés et, inversement, que les déplacements forcés dans les pays en proie à des conflits armés peuvent avoir un effet dévastateur sur la production agricole et les moyens d'existence,

*Se déclarant préoccupée* par les graves conséquences humanitaires que pourrait avoir un accident résultant du bombardement et du pilonnage des infrastructures nucléaires ukrainiennes, réitérant l'obligation de garantir la sûreté et la sécurité de toutes les infrastructures nucléaires, et exprimant sa préoccupation quant aux impacts du conflit sur l'environnement,

*Rappelant* que tous les États et parties à un conflit armé sont tenus de respecter pleinement le droit international humanitaire, en particulier les principes de distinction et de proportionnalité, et de prendre toutes les précautions possibles pour éviter et, en tout état de cause, réduire au minimum les dommages causés aux civils et aux biens de caractère civil, réaffirmant que les sièges, dont le but est d'affamer les populations civiles, constituent une violation du droit international humanitaire, et exhortant tous les États et parties à un conflit armé à respecter les droits humains, y compris des personnes déplacées de force, et le principe de non-refoulement,

*Réitérant* l'appel lancé à toutes les parties au conflit armé pour qu'elles se conforment aux obligations que leur impose le droit international humanitaire de protéger les civils et les biens de caractère civil, ainsi que l'environnement, et d'épargner les biens de caractère civil, notamment les biens cruciaux pour la prestation de services essentiels à la population civile, de s'abstenir d'attaquer, de détruire, d'enlever ou de mettre hors d'usage les biens indispensables à la survie de la population civile, et de respecter et de protéger le personnel humanitaire et les articles destinés aux opérations de secours humanitaire,

*Réaffirmant* les principes d'humanité, de neutralité, d'impartialité et d'indépendance applicables à l'action humanitaire, et réaffirmant que tous les acteurs qui participent à cette action dans des situations d'urgence complexes doivent les défendre et les respecter pleinement,

1. *Redit* qu'il importe d'appliquer intégralement la résolution ES-11/1 du 2 mars 2022, intitulée « Agression contre l'Ukraine » ;

2. *Exige* la cessation immédiate des hostilités menées par la Fédération de Russie contre l'Ukraine, en particulier de toute attaque contre les civils et les biens de caractère civil ;

3. *Exige* que les civils, y compris le personnel humanitaire, les journalistes et les personnes en situation de vulnérabilité, notamment les femmes et les enfants, soient pleinement protégés ;

4. *Exige* le plein respect et l'entière protection de l'ensemble du personnel médical et humanitaire dont l'activité est d'ordre exclusivement médical, de leurs moyens de transport et de leur matériel, ainsi que des hôpitaux et des autres installations médicales ;

5. *Exige également* le plein respect et l'entière protection des biens indispensables à la survie de la population et des infrastructures civiles qui sont cruciales pour la prestation de services essentiels en période de conflit armé ;

6. *Exige* de toutes les parties qu'elles protègent les civils fuyant le conflit armé et la violence, y compris les ressortissants étrangers, notamment les étudiants, sans discrimination, pour leur permettre un passage volontaire, sûr et sans entrave ;

7. *Exige* que les parties se conforment à leur obligation de garantir l'accès humanitaire sûr et sans entrave du personnel humanitaire ainsi que de ses moyens de transport, de ses fournitures et de son matériel aux personnes dans le besoin en Ukraine et dans les pays voisins ;

8. *Souligne* que les sièges de villes en Ukraine, en particulier la ville de Marioupol, aggravent encore la situation humanitaire pour la population civile et entravent les efforts d'évacuation, et exige donc qu'il soit mis fin à ces sièges ;

9. *Condamne* toutes les violations du droit international humanitaire et toutes les violations des droits humains et atteintes à ces droits, et demande à toutes les parties au conflit armé de respecter strictement le droit international humanitaire, notamment les Conventions de Genève de 1949 et le Protocole additionnel I de 1977 s'y rapportant, et de respecter les dispositions applicables du droit international des droits de l'homme et du droit international des réfugiés, y compris le principe du non-refoulement.

## 10. Résolution du 14 novembre 2022 de l'Assemblée générale des Nations unies, « Agression contre l'Ukraine : recours et réparation » (A/RES/ES-11/5)

*L'Assemblée générale*,

*Réaffirmant* l'importance primordiale de la Charte des Nations unies pour la promotion du respect de la légalité parmi les nations,

*Rappelant* les obligations qu'impose à tous les États l'Article 2 de la Charte, notamment l'obligation de s'abstenir, dans leurs relations internationales, de recourir à la menace ou à l'emploi de la force, soit contre l'intégrité territoriale ou l'indépendance politique de tout État, soit de toute autre manière incompatible avec les buts des Nations unies, et de régler leurs différends internationaux par des moyens pacifiques,

*Rappelant également* l'obligation inscrite au paragraphe 1 de l'Article 33 de la Charte, selon laquelle les États membres parties à tout différend doivent en rechercher la solution, avant tout, par voie de négociation, d'enquête, de médiation, de conciliation, d'arbitrage, de règlement judiciaire, de recours aux organismes ou accords régionaux, ou par d'autres moyens pacifiques de leur choix,

*Prenant note* de la résolution 2623 (2022) du Conseil de sécurité en date du 27 février 2022,

*Rappelant* que, selon l'Article 14 de la Charte, elle peut recommander les mesures propres à assurer l'ajustement pacifique de toute situation qui lui semble de nature à nuire au bien général ou à compromettre les relations amicales entre nations, y compris les situations résultant d'une infraction aux dispositions de la Charte,

*Rappelant* sa résolution ES-11/1 du 2 mars 2022, intitulée « Agression contre l'Ukraine », sa résolution ES-11/2 du 24 mars 2022, intitulée « Conséquences humanitaires de l'agression contre l'Ukraine », et sa résolution ES-11/4 du 12 octobre 2022, intitulée « Intégrité territoriale de l'Ukraine :

défense des principes consacrés par la Charte des Nations unies », dans lesquelles, entre autres choses, elle a réaffirmé son attachement à la souveraineté, à l'indépendance, à l'unité et à l'intégrité territoriale de l'Ukraine,

*Rappelant également* l'ordonnance rendue le 16 mars 2022 par la Cour internationale de justice sur la demande en indication de mesures conservatoires en l'affaire Allégations de génocide au titre de la Convention pour la prévention et la répression du crime de génocide (Ukraine c. Fédération de Russie),

*Ayant à l'esprit* qu'il importe de maintenir et de consolider la paix internationale, qui repose sur la liberté, l'égalité, la justice et le respect des droits humains, et de développer des relations amicales entre les nations, quel que soit leur système politique, économique ou social ou leur niveau de développement,

*Se déclarant très préoccupée* par les pertes en vies humaines, les déplacements de civils, la destruction d'infrastructures et de ressources naturelles, la perte de biens publics et privés et le désastre économique causés par l'agression de la Fédération de Russie contre l'Ukraine,

*Rappelant sa résolution* 60/147 du 16 décembre 2005, à laquelle sont joints les Principes fondamentaux et directives concernant le droit à un recours et à réparation des victimes de violations flagrantes du droit international des droits de l'homme et de violations graves du droit international humanitaire,

1. *Réaffirme* son attachement à la souveraineté, à l'indépendance, à l'unité et à l'intégrité territoriale de l'Ukraine et redit qu'elle exige de la Fédération de Russie que celle-ci cesse immédiatement d'employer la force contre l'Ukraine et retire immédiatement, complètement et sans condition toutes ses forces militaires du territoire ukrainien à l'intérieur des frontières internationalement reconnues du pays, eaux territoriales incluses ;

2. *Considère* que la Fédération de Russie doit répondre de toute violation du droit international en Ukraine ou contre l'Ukraine, y compris de l'agression commise contre ce pays en violation de la Charte des Nations unies, ainsi que de toute violation du droit

international humanitaire et du droit international des droits de l'homme, et qu'elle doit assumer les conséquences juridiques de tous ses faits internationalement illicites, y compris réparer le préjudice, dont tout dommage, causé par ces faits ;

3. *Considère également* qu'il faut établir, en coopération avec l'Ukraine, un mécanisme international aux fins de la réparation des dommages, pertes ou préjudice résultant des faits internationalement illicites commis par la Fédération de Russie en Ukraine ou contre l'Ukraine ;

[...]

## 11. Résolution du 23 février 2023 de l'Assemblée générale des Nations unies, « Principes de la Charte des Nations unies sous-tendant une paix globale, juste et durable en Ukraine » (A/RES/ES-11/6)

*L'Assemblée générale*,

*Rappelant* les buts et principes énoncés dans la Charte des Nations unies,

*Rappelant* que, en vertu de l'Article 2 de la Charte des Nations unies, tous les États sont tenus de s'abstenir, dans leurs relations internationales, de recourir à la menace ou à l'emploi de la force, soit contre l'intégrité territoriale ou l'indépendance politique de tout État, soit de toute autre manière incompatible avec les buts des Nations unies, et de régler leurs différends internationaux par des moyens pacifiques,

*Réaffirmant* que nulle acquisition territoriale résultant de la menace ou de l'emploi de la force ne sera reconnue comme légale,

*Rappelant* ses résolutions pertinentes adoptées lors de sa onzième session extraordinaire d'urgence et sa résolution 68/262 du 27 mars 2014,

*Soulignant*, un an après l'invasion totale de l'Ukraine, que la réalisation d'une paix globale, juste et durable constituerait une contribution importante au renforcement de la paix et de la sécurité internationales,

*Rappelant* l'ordonnance de la Cour internationale de justice en date du 16 mars 2022,

*Déplorant* les conséquences désastreuses, sur le plan des droits humains et sur le plan humanitaire, de l'agression de la Fédération de Russie contre l'Ukraine, notamment les attaques incessantes contre les infrastructures critiques dans toute l'Ukraine, avec des conséquences dévastatrices pour les civils, et se déclarant gravement préoccupée par le nombre élevé de victimes civiles, notamment des femmes et des enfants, par le nombre de personnes déplacées à l'intérieur du pays et de réfugiés ayant besoin d'une aide humanitaire, et par les violations et les atteintes commises contre des enfants,

*Notant* avec une profonde inquiétude les répercussions négatives que la guerre a sur la sécurité alimentaire mondiale, l'énergie, la sécurité et la sûreté nucléaires et l'environnement,

1. *Souligne* la nécessité de parvenir, dans les meilleurs délais, à une paix globale, juste et durable en Ukraine, conformément aux principes de la Charte des Nations unies ;

2. *Salue et soutient fermement* les efforts déployés par le Secrétaire général et les États membres pour promouvoir une paix globale, juste et durable en Ukraine, conformément à la Charte, y compris les principes de l'égalité souveraine et de l'intégrité territoriale des États ;

3. *Engage* les États membres et les organisations internationales à appuyer encore plus les efforts diplomatiques visant à instaurer une paix globale, juste et durable en Ukraine, conformément à la Charte ;

4. *Réaffirme son attachement* à la souveraineté, à l'indépendance, à l'unité et à l'intégrité territoriale de l'Ukraine à l'intérieur de ses frontières internationalement reconnues, s'étendant à ses eaux territoriales ;

5. *Exige de nouveau* que la Fédération de Russie retire immédiatement, complètement et sans condition toutes ses forces militaires du territoire ukrainien à l'intérieur des frontières internationalement reconnues du pays, et appelle à une cessation des hostilités ;

6. *Exige* que le traitement par les parties au conflit armé de tous les prisonniers de guerre soit conforme aux dispositions de la Convention de Genève relative au traitement des prisonniers de guerre du 12 août 1949 et du Protocole additionnel I aux Conventions de Genève de 1949, et demande l'échange complet des prisonniers de guerre, la libération de toutes les personnes détenues illégalement et le retour de tous les internés et des civils transférés et déportés de force, y compris les enfants ;

7. *Demande* aux parties au conflit armé de respecter pleinement les obligations qui leur incombent en vertu du droit international humanitaire, à savoir veiller systématiquement à épargner la population civile et les biens de caractère civil, assurer un accès humanitaire sûr et sans entrave aux personnes qui en ont besoin, et s'abstenir d'attaquer, de détruire, d'enlever ou de rendre inutilisables les biens indispensables à la survie de la population civile ;

8. *Appelle* à la cessation immédiate des attaques contre les infrastructures critiques de l'Ukraine et de toute attaque délibérée contre des biens civils, notamment des résidences, des établissements scolaires et des hôpitaux ;

9. *Souligne* qu'il faut ouvrir des enquêtes et engager des poursuites appropriées, équitables et indépendantes au niveau national ou international pour que les auteurs des crimes les plus graves au regard du droit international qui auront été commis sur le territoire ukrainien répondent de leurs actes, et pour que justice soit rendue à toutes les victimes et de futurs crimes soient évités ;

10. *Demande instamment* à tous les États membres de coopérer dans un esprit de solidarité pour faire face aux répercussions mondiales qu'a la guerre sur la sécurité alimentaire, l'énergie, les finances, l'environnement et la sécurité et la sûreté nucléaires, souligne que les arrangements en vue d'une paix globale, juste et durable en Ukraine devraient tenir compte de ces facteurs, et demande aux États Membres de soutenir le Secrétaire général dans les efforts qu'il déploie pour faire face à ces répercussions [...].

# II

# DISCOURS DE VLADIMIR POUTINE

## 12. Discours du 21 février 2022*

« Citoyens de Russie, chers amis,

« Mon discours porte sur les événements en Ukraine et sur les raisons pour lesquelles ils sont si importants pour nous, pour la Russie. Bien entendu, mon message s'adresse également à nos compatriotes d'Ukraine.

« La question est très sérieuse et doit faire l'objet d'un débat approfondi.

« La situation dans le Donbass a atteint un stade critique, aigu. Je m'adresse à vous directement aujourd'hui non seulement pour vous expliquer ce qui se passe, mais aussi pour vous informer des décisions prises et des mesures qui pourraient être prises par la suite.

« Je voudrais souligner à nouveau que l'Ukraine n'est pas seulement un pays voisin pour nous. C'est une partie inaliénable de notre histoire, de notre culture et de notre espace spirituel. Ce sont nos camarades, ceux qui nous sont le plus chers – non seulement des collègues, des amis et des personnes qui ont servi ensemble, mais aussi des parents, des personnes liées par le sang, par des liens familiaux.

« Depuis des temps immémoriaux, les habitants du sud-ouest de ce qui a été historiquement la terre russe se sont appelés russes et chrétiens orthodoxes. C'était le cas avant le XVIIe siècle, lorsqu'une partie de ce territoire a rejoint l'État russe, et par la suite.

« Il nous semble que, d'une manière générale, nous connaissons tous ces faits, qu'il s'agit d'un savoir partagé. Pourtant, il est nécessaire de dire au moins quelques mots sur l'historique de cette question afin de comprendre ce qui se passe aujourd'hui, d'expliquer les motifs qui sous-tendent les actions de la Russie et les objectifs que nous poursuivons.

---

* Site internet du Kremlin, 21 février 2022 (http://en.kremlin.ru/events/president/news/67828). Traduit de l'anglais par nous.

« Je commencerai donc par le fait que l'Ukraine moderne a été entièrement créée par la Russie ou, plus précisément, par la Russie bolchevique et communiste. Ce processus a commencé pratiquement immédiatement après la révolution de 1917, et Lénine et ses associés l'ont fait d'une manière extrêmement pénalisante pour la Russie – en séparant, en sectionnant ce qui est historiquement une terre russe. Personne n'a demandé aux millions de personnes qui vivaient là ce qu'elles en pensaient.

« Ensuite, avant et après la Grande Guerre patriotique, Staline a incorporé à l'URSS et transféré à l'Ukraine des terres qui appartenaient auparavant à la Pologne, à la Roumanie et à la Hongrie. Dans le même temps, il a donné à la Pologne une partie des terres traditionnellement allemandes en guise de compensation. En 1954, pour certaines raisons, Khrouchtchev a retiré la Crimée à la Russie et l'a également donnée à l'Ukraine. C'est ainsi que s'est formé le territoire de l'Ukraine moderne.

[...]

« Vous voulez la décommunisation ? Très bien, cela nous convient parfaitement. Mais pourquoi s'arrêter à mi-chemin ? Nous sommes prêts à montrer ce que de vraies décommunisations signifieraient pour l'Ukraine.

[...]

« Il convient de noter que l'Ukraine n'a jamais eu en réalité de tradition étatique solide. C'est pourquoi, en 1991, elle a choisi d'imiter sans réfléchir des modèles étrangers qui ne correspondent ni à l'histoire ni aux réalités ukrainiennes. Les institutions politiques gouvernementales ont été réajustées à de nombreuses reprises en fonction des clans en pleine expansion et de leurs intérêts égoïstes, qui n'avaient rien à voir avec les intérêts du peuple ukrainien.

« En substance, le soi-disant choix civilisationnel pro-occidental fait par les autorités oligarchiques ukrainiennes ne visait pas et ne vise toujours pas à créer de meilleures conditions dans l'intérêt du bien-être de la population, mais à conserver les milliards de dollars que les oligarques ont volés aux Ukrainiens et qu'ils détiennent sur leurs comptes dans des banques occidentales, tout en se montrant respectueusement conciliants avec les rivaux géopolitiques de la Russie.

« Certains groupes industriels et financiers, ainsi que les partis et les politiciens à leur solde, se sont appuyés d'emblée les nationalistes et les extrémistes. D'autres, qui ont accédé au pouvoir avec l'aide de leurs concitoyens qui soutenaient sincèrement leurs aspirations déclarées, y compris les millions de personnes des régions du sud-est, ont prétendu être en faveur de bonnes relations avec la Russie et de la diversité culturelle et linguistique. Mais après avoir obtenu les postes qu'ils convoitaient, ces individus ont immédiatement trahi leurs électeurs, en revenant sur leurs promesses électorales et en menant au contraire une politique inspirée par les extrémistes, allant parfois jusqu'à persécuter leurs anciens alliés, c'est-à-dire les organisations publiques qui soutenaient le bilinguisme et la coopération avec la Russie. Ces individus ont profité du fait que leurs électeurs étaient pour la plupart des citoyens respectueux de la loi, aux opinions modérées, qui faisaient confiance aux autorités et qui, contrairement aux extrémistes, ne se montreraient pas agressifs et ne recourraient pas à des moyens illégaux.

« Pendant ce temps, les extrémistes devenaient de plus en plus audacieux dans leurs actions et formulaient chaque année davantage d'exigences. Il leur a été facile d'imposer leur volonté à des autorités défaillantes, infectées par le virus du nationalisme et de la corruption, et qui ont habilement remplacé les intérêts culturels, économiques et sociaux réels du peuple et la véritable souveraineté de l'Ukraine par diverses spéculations ethniques et des attributs ethniques formels.

« Un État stable n'a jamais vu le jour en Ukraine ; ses procédures électorales et autres procédures politiques ne servent que de couverture, de paravent à la redistribution du pouvoir et des biens entre divers clans oligarchiques.

« La corruption, qui est certainement un défi et un problème pour de nombreux pays, y compris la Russie, a largement débordé du cadre général en Ukraine. Elle a littéralement imprégné et corrodé l'État ukrainien, l'ensemble du système et toutes les branches du pouvoir.

« Des nationalistes radicaux ont profité du mécontentement justifié de l'opinion publique pour attiser la protestation du Maïdan et l'ont transformée en coup d'État en 2014. Ils ont également bénéficié de l'aide directe d'États étrangers. Selon certaines informations, l'ambassade des États-Unis a versé un million de dollars par jour pour soutenir le soi-disant camp de protestation sur la place de l'Indépendance à Kiev. En outre, d'importantes sommes d'argent, à hauteur de dizaines de millions de dollars, ont été impudemment transférées directement sur les comptes bancaires des dirigeants de l'opposition. Mais les personnes qui ont réellement souffert, les familles de ceux qui sont morts dans les affrontements provoqués dans les rues et sur les places de Kiev et d'autres villes, combien ont-elles reçu en fin de compte ? Mieux vaut ne pas le demander.

« Les nationalistes qui se sont emparés du pouvoir ont déclenché une persécution, une véritable campagne de terreur contre ceux qui s'opposaient à leurs actions anticonstitutionnelles. Des politiciens, des journalistes et des activistes publics ont été harcelés et humiliés publiquement. Une vague de violence a déferlé sur les villes ukrainiennes, incluant une série de meurtres retentissants et impunis. On frémit au souvenir de la terrible tragédie d'Odessa, où des manifestants pacifiques ont été brutalement assassinés, brûlés vifs dans la Maison des syndicats. Les criminels qui ont commis cette atrocité n'ont jamais été punis et on ne les recherche même pas. Mais nous connaissons leurs noms et nous ferons tout pour les punir, les retrouver et les traduire en justice.

« Maïdan n'a pas rapproché l'Ukraine de la démocratie et du progrès. Après avoir accompli un coup d'État, les nationalistes et les forces politiques qui les ont soutenus ont finalement conduit l'Ukraine dans une impasse, poussant le pays dans l'abîme de la guerre civile. Huit ans plus tard, le pays est divisé. L'Ukraine est aux prises avec une crise socio-économique aiguë.

[...]

« Le peuple ukrainien est-il conscient que c'est ainsi que son pays est géré ? Se rendent-ils compte que leur pays n'est même pas devenu un protectorat politique ou économique, mais qu'il a été réduit à une colonie avec un régime fantoche ? L'État a été privatisé. En conséquence, le gouvernement, qui se désigne comme le « serviteur du peuple », n'agit plus à des fins nationales et pousse constamment l'Ukraine vers la perte de sa souveraineté.

« La politique d'éradication de la langue et de la culture russes et de promotion de l'assimilation se poursuit. La Verkhovna Rada a produit un flux constant de projets de loi discriminatoires, et la loi sur les soi-disant peuples autochtones est déjà entrée en vigueur. Les personnes qui s'identifient comme russes et qui souhaitent préserver leur identité, leur langue et leur culture se voient signifier qu'elles ne sont pas les bienvenues en Ukraine.

« En vertu des lois sur l'éducation et sur la langue ukrainienne en tant que langue d'État, la langue russe n'a pas sa place dans les écoles ou les espaces publics, même dans les magasins ordinaires. La loi sur le contrôle et l'épuration, à hauteur de dizaines de millions de dollars, a ouvert la voie à l'élimination des fonctionnaires indésirables.

« De plus en plus de lois permettent à l'armée ukrainienne et aux forces de l'ordre de réprimer la liberté d'expression et la dissidence et de s'en prendre à l'opposition. Le monde entier connaît la pratique déplorable consistant à imposer des sanctions unilatérales illégitimes contre d'autres pays, des personnes physiques et morales étrangères. L'Ukraine a surpassé ses maîtres occidentaux en inventant des sanctions contre ses propres citoyens, entreprises, chaînes de télévision, autres médias et même des membres du parlement.

« Kiev continue de préparer la destruction de l'Église orthodoxe ukrainienne du patriarcat de Moscou. Il ne s'agit pas d'un constat émotionnel ; des décisions et des documents concrets en sont la preuve. Les autorités ukrainiennes ont cyniquement transformé la tragédie du schisme en un instrument de politique d'État. Les autorités actuelles ne réagissent pas aux appels du peuple ukrainien à abolir les lois qui portent atteinte aux droits des croyants. En outre, de nouveaux projets de loi dirigés contre le clergé et les millions de paroissiens de l'Église orthodoxe ukrainienne du Patriarcat de Moscou ont été enregistrés à la Verkhovna Rada.

« Quelques mots sur la Crimée. Les habitants de la péninsule ont librement choisi de faire partie de la Russie. Les autorités de Kiev ne peuvent pas remettre en cause le choix clairement exprimé par le peuple, c'est pourquoi elles ont opté pour une politique agressive, activant des cellules extrémistes, y compris des organisations islamistes radicales, envoyant des subversifs pour organiser des attaques terroristes contre des infrastructures critiques et kidnappant des citoyens russes. Nous avons la preuve factuelle que ces actions agressives sont menées avec le soutien des services de sécurité occidentaux.

« En mars 2021, une nouvelle stratégie militaire a été adoptée en Ukraine. Ce document est presque entièrement consacré à la confrontation avec la Russie et vise à impliquer des États étrangers dans un conflit avec notre pays. La stratégie prévoit l'organisation de ce qui peut être décrit comme un mouvement terroriste clandestin en Crimée russe et dans le Donbass. Elle définit également les contours d'une guerre potentielle, qui devrait se terminer, selon les stratèges de Kiev, « avec l'aide de la communauté internationale à des conditions favorables pour l'Ukraine », ainsi que – écoutez bien, je vous prie – « avec un soutien militaire étranger dans la confrontation géopolitique avec la Fédération de Russie ». En fait, il ne s'agit de rien d'autre que de préparer les hostilités contre notre pays, la Russie.

« Comme nous le savons, il a déjà été déclaré aujourd'hui que l'Ukraine avait l'intention de créer ses propres armes nucléaires, et ce n'est pas de la fanfaronnade. L'Ukraine dispose des technologies nucléaires créées à l'époque soviétique et des vecteurs de ces armes, y compris des avions, ainsi que des missiles tactiques de précision Tochka-U de conception soviétique, d'une portée de plus de 100 kilomètres. Mais ils peuvent faire plus, ce n'est qu'une question de temps. Ils ont préparé le terrain depuis l'ère soviétique.

« En d'autres termes, l'acquisition d'armes nucléaires tactiques sera beaucoup plus facile pour l'Ukraine que pour d'autres États, que je ne citerai pas ici, qui mènent de telles recherches, surtout si Kiev reçoit un soutien technologique étranger. Nous ne pouvons pas non plus exclure cette possibilité.

« Si l'Ukraine acquiert des armes de destruction massive, la situation dans le monde et en Europe changera radicalement, surtout pour nous, pour la Russie. Nous ne pouvons que réagir à ce danger réel, d'autant plus que, je le répète, les protecteurs occidentaux de l'Ukraine peuvent l'aider à acquérir ces armes pour créer une nouvelle menace pour notre pays. Nous voyons avec quelle persistance le régime de Kiev est alimenté en armes. Depuis 2014, les États-Unis ont dépensé à eux seuls des milliards de dollars à cette fin, y compris des livraisons d'armes et d'équipements et la formation de spécialistes. Au cours des derniers mois, l'Ukraine a reçu un flux constant d'armes occidentales, de manière ostentatoire, sous le regard du monde entier. Des conseillers étrangers supervisent les activités des forces armées et des services spéciaux ukrainiens et nous en sommes parfaitement conscients.

« Ces dernières années, des contingents militaires des pays de l'OTAN ont été presque constamment présents sur le territoire ukrainien sous le prétexte d'exercices. Le système de contrôle des troupes ukrainiennes a déjà été intégré à l'OTAN. Cela signifie que le quartier général de l'OTAN peut donner des ordres directs aux forces armées ukrainiennes, même à leurs unités et escadrons séparés.

« Les États-Unis et l'OTAN ont commencé à utiliser impudemment le territoire ukrainien comme théâtre d'opérations militaires potentielles. Leurs exercices conjoints réguliers sont manifestement antirusses. Rien que l'année dernière, plus de 23 000 soldats et plus d'un millier d'unités de matériel ont été impliqués.

« Une loi a déjà été adoptée qui autorise les troupes étrangères à venir en Ukraine en 2022 pour participer à des exercices multinationaux. Naturellement, il s'agit principalement de troupes de l'OTAN. Cette année, au moins dix de ces exercices conjoints sont prévus.

« Il est évident que de tels engagements visent à masquer un renforcement rapide du dispositif militaire de l'OTAN sur le territoire ukrainien. D'autant plus que le réseau d'aérodromes mis à niveau avec l'aide des États-Unis à Borispol, Ivano-Frankovsk, Chuguyev et Odessa, pour n'en citer que quelques-uns, est capable de transférer des unités de l'armée en très peu de temps. L'espace aérien ukrainien est ouvert aux vols d'avions stratégiques et de reconnaissance américains, ainsi qu'aux drones qui surveillent le territoire russe.

« J'ajouterai que le centre d'opérations maritimes construit par les États-Unis à Ochakov permet de soutenir les activités des navires de guerre de l'OTAN, y compris l'utilisation d'armes de précision, contre la flotte russe de la mer Noire et notre infrastructure sur toute la côte de la mer Noire.

« À un moment donné, les États-Unis avaient l'intention de construire des installations similaires en Crimée, mais les Criméens et les habitants de Sébastopol ont fait échouer ces projets. Nous en garderons toujours le souvenir.

« Je voudrais répéter qu'aujourd'hui, un tel centre a déjà été déployé à Ochakov. Au XVIIIe siècle, les soldats d'Alexandre Souvorov se sont battus pour cette ville. Grâce à leur courage, elle a été rattachée à la Russie. Au XVIIIe siècle également, les terres du littoral de la mer Noire, incorporées à la Russie à la suite des guerres avec l'Empire ottoman, ont reçu le nom de Novorossiya (Nouvelle Russie). Aujourd'hui, on tente de condamner à l'oubli ces hauts lieux de l'histoire, ainsi que les noms des personnalités étatiques et militaires de l'Empire russe sans lesquels l'Ukraine moderne n'aurait pas beaucoup de grandes villes, ni même d'accès à la mer Noire.

« Un monument à la mémoire d'Alexandre Souvorov a récemment été démoli à Poltava. Que peut-on dire de plus ? Allez-vous renier votre propre passé ? Le soi-disant héritage colonial de l'Empire russe ? Dans ce cas, soyez cohérents.

« Ensuite, notons que l'article 17 de la Constitution de l'Ukraine stipule que le déploiement de bases militaires étrangères sur son territoire est illégal. Or, il s'agit là d'une clause de style qui peut être facilement contournée.

« L'Ukraine accueille des missions d'entraînement de l'OTAN

qui sont, en fait, des bases militaires étrangères. On a simplement baptisé une base "mission" et on n'en a plus rien à faire.

« Kiev proclame depuis longtemps son cap stratégique visant à l'adhésion à l'OTAN. Certes, chaque pays a le droit de choisir son propre système de sécurité et de conclure des alliances militaires. Il n'y aurait aucun problème à cela s'il n'y avait un "mais". Les documents internationaux stipulent expressément le principe d'une sécurité égale et indivisible, qui comprend l'obligation de ne pas renforcer sa propre sécurité au détriment de celle des autres États. Ce principe est énoncé dans la Charte de l'OSCE pour la sécurité européenne adoptée à Istanbul en 1999 et dans la déclaration d'Astana de l'OSCE de 2010.

« En d'autres termes, le choix des voies à suivre pour assurer la sécurité ne doit pas constituer une menace pour les autres États, alors que l'adhésion de l'Ukraine à l'OTAN est une menace directe pour la sécurité de la Russie.

« Permettez-moi de vous rappeler qu'au sommet de l'OTAN de Bucarest, en avril 2008, les États-Unis ont fait adopter une décision selon laquelle l'Ukraine et, soit dit en passant, la Géorgie deviendraient membres de l'OTAN. De nombreux alliés européens des États-Unis étaient déjà bien conscients des risques liés à cette perspective, mais ils ont été contraints de se plier à la volonté de leur partenaire principal. Les Américains les ont simplement utilisés pour mener une politique clairement antirusse.

« Un certain nombre d'États membres de l'OTAN restent très sceptiques quant à l'adhésion de l'Ukraine à l'OTAN. Certaines capitales européennes nous disent de ne pas nous inquiéter, car cela ne se fera pas du jour au lendemain. En fait, nos partenaires américains disent la même chose. Nous répondons que "si ce n'est pas pour demain, ce sera pour après-demain. Qu'est-ce que cela change du point de vue historique ? Rien du tout."

« En outre, nous connaissons la position et les propos des dirigeants américains selon lesquels les hostilités actives dans l'est de l'Ukraine n'excluent pas la possibilité pour ce pays d'adhérer à l'OTAN s'il répond aux critères de l'OTAN et surmonte la corruption.

« Pendant ce temps, ils essaient de nous convaincre encore et encore que l'OTAN est une alliance pacifique et purement défensive qui ne représente aucune menace pour la Russie. Encore une fois, ils veulent que nous les croyions sur parole. Mais nous sommes bien conscients de la valeur réelle de ces mots. En 1990, lorsqu'il a été question de l'unification de l'Allemagne, les États-Unis ont promis aux dirigeants soviétiques que la juridiction ou la présence militaire de l'OTAN ne s'étendrait pas d'un pouce à l'est et que l'unification de l'Allemagne n'entraînerait pas l'extension de l'organisation militaire de l'OTAN à l'est. Il s'agit d'une citation.

« Ils ont donné de nombreuses assurances verbales, qui se sont toutes révélées être des phrases creuses. Plus tard, ils ont commencé à nous assurer que l'adhésion à l'OTAN des pays d'Europe centrale et orientale ne ferait qu'améliorer les relations avec Moscou, soulagerait ces pays des craintes liées à leur héritage historique amer et créerait même une ceinture de pays amicaux à l'égard de la Russie.

« Or, c'est exactement le contraire qui s'est produit. Les gouvernements de certains pays d'Europe de l'Est, spéculant sur la russophobie, ont apporté à l'Alliance leurs complexes et leurs stéréotypes sur la menace russe et ont insisté pour renforcer les potentiels de défense collective et les déployer principalement contre la Russie. Pire encore, cela s'est produit dans les années 1990 et au début des années 2000, alors que, grâce à notre ouverture et à notre bonne volonté, les relations entre la Russie et l'Occident avaient atteint un niveau élevé.

« La Russie a rempli toutes ses obligations, y compris le retrait de l'Allemagne, de l'Europe centrale et de l'Europe de l'Est, apportant ainsi une immense contribution au dépassement de l'héritage de la guerre froide. Nous avons constamment proposé diverses options de coopération, y compris dans le cadre du Conseil OTAN-Russie et de l'OSCE.

« En outre, je vais dire quelque chose que je n'ai jamais dit publiquement, je vais le dire maintenant pour la première fois. Lorsque le président américain sortant Bill Clinton s'est rendu à Moscou en 2000, je lui ai demandé ce que penserait l'Amérique de l'admission de la Russie au sein de l'OTAN.

« Je ne révélerai pas tous les détails de cette conversation, mais la réaction à ma question a été, disons, assez réservée, et la véritable attitude des Américains à l'égard de cette possibilité peut en fait être appréciée à la lumière des mesures qu'ils ont prises par la suite à l'égard de notre pays. Je veux parler du soutien manifeste aux terroristes dans le Caucase du Nord, du mépris de nos exigences et préoccupations en matière de sécurité, de l'expansion continue de l'OTAN, du retrait du traité ABM, etc. La question qui se pose est la suivante : pourquoi ? Qu'est-ce que tout cela signifie, quel est le but recherché ? D'accord, vous ne voulez pas nous considérer comme des amis ou des alliés, mais pourquoi faire de nous un ennemi ?

« Il ne peut y avoir qu'une seule réponse : il ne s'agit pas de notre régime politique ou de quoi que ce soit d'autre. Ils n'ont tout simplement pas envie d'avoir un pays grand et indépendant comme la Russie à leurs côtés. C'est la réponse à toutes les questions. Telle est la source de la politique traditionnelle de l'Amérique à l'égard de la Russie. D'où l'attitude à l'égard de toutes nos propositions en matière de sécurité

« Aujourd'hui, il suffit de jeter un coup d'œil sur la carte pour voir à quel point les pays occidentaux ont tenu leur promesse de s'abstenir d'étendre l'OTAN vers l'est. Ils nous ont simplement floués. Nous avons assisté à cinq vagues d'expansion de l'OTAN, l'une après l'autre : la Pologne, la République tchèque et la Hongrie ont été admises en 1999 ; la Bulgarie, l'Estonie, la Lettonie, la Lituanie, la Roumanie, la Slovaquie et la Slovénie en 2004 ; l'Albanie et la Croatie en 2009 ; le Monténégro en 2017 ; et la Macédoine du Nord en 2020.

« En conséquence, l'Alliance et son infrastructure militaire ont atteint les frontières de la Russie. C'est l'une des principales causes de la crise de la sécurité européenne ; elle a eu l'impact le plus négatif sur l'ensemble du système des relations internationales et a conduit à la perte de la confiance mutuelle.

« La situation continue de se détériorer, y compris dans le domaine stratégique. Ainsi, des zones de positionnement de missiles intercepteurs sont en train d'être établies en Roumanie et en Pologne dans le cadre du projet américain de création d'un système global de défense antimissile. Il est de notoriété publique que les lanceurs qui y sont déployés peuvent être utilisés pour des missiles de croisière Tomahawk – des systèmes de frappe offensive.

« En outre, les États-Unis développent leur Standard Missile-6 polyvalent, qui peut assurer une défense aérienne et antimissile, ainsi que frapper des cibles terrestres et de surface. En d'autres termes, le système de défense antimissile américain, prétendument défensif, est en train de développer et d'étendre ses nouvelles capacités offensives.

« Les informations dont nous disposons nous donnent de bonnes raisons de croire que l'adhésion de l'Ukraine à l'OTAN et le déploiement ultérieur des installations de l'OTAN ont déjà été décidés et ne sont qu'une question de temps. Nous savons très bien que, dans ce scénario, le niveau des menaces militaires pesant sur la Russie augmentera considérablement, et de plusieurs manières. Et je tiens à souligner ici que le risque d'une attaque soudaine contre notre pays se multipliera.

« Je précise que les documents de planification stratégique américains confirment la possibilité d'une attaque dite préventive contre des systèmes de missiles ennemis. Nous connaissons également le principal adversaire des États-Unis et de l'OTAN. Il s'agit de la Russie. Les documents de l'OTAN déclarent officiellement que notre pays constitue la principale menace pour la sécurité euratlantique. L'Ukraine servira de tête de pont avancée pour une telle frappe. Si nos ancêtres entendaient parler de cela, ils n'en croiraient probablement pas leurs oreilles. Nous ne voudrions pas non plus le croire aujourd'hui, mais c'est ainsi. J'aimerais que les Russes et les Ukrainiens le comprennent.

« De nombreux aérodromes ukrainiens sont situés non loin de nos frontières. L'aviation tactique de l'OTAN qui y est déployée, y compris les transporteurs d'armes de précision, sera capable de frapper notre territoire sur la profondeur de la ligne Volgograd-Kazan-Samara-Astrakhan. Le déploiement de radars de reconnaissance sur le territoire ukrainien permettra à l'OTAN de contrôler étroitement l'espace aérien russe jusqu'à l'Oural.

« Enfin, après la dénonciation du traité FNI par les États-Unis, le Pentagone a ouvertement développé de nombreuses armes d'attaque terrestres, notamment des missiles balistiques capables d'atteindre des cibles à une distance pouvant aller jusqu'à 5 500 km. S'ils sont déployés en Ukraine, ces systèmes pourront atteindre des cibles dans toute la partie européenne de la Russie. Le temps de vol des missiles de croisière Tomahawk vers Moscou sera inférieur à trente-cinq minutes, celui des missiles balistiques depuis Kharkov sera de sept à huit minutes et celui des armes d'assaut hypersoniques de quatre à cinq minutes. C'est comme un couteau sous la gorge. Je ne doute pas qu'ils espèrent mettre en œuvre ces plans, comme ils l'ont fait à maintes reprises par le passé, en élargissant l'OTAN vers l'est, en déplaçant leur infrastructure militaire vers les frontières russes et en ignorant totalement nos inquiétudes, nos protestations et nos avertissements. Excusez-moi, mais ils ne se sont tout simplement pas souciés de ces choses et ont fait tout ce qu'ils ont considéré comme nécessaire.

« Bien sûr, ils vont se comporter de la même manière à l'avenir, suivant un proverbe bien connu : "Les chiens aboient, mais la caravane passe." Je le dis tout net, nous n'acceptons pas ce comportement et nous ne l'accepterons jamais. Cela dit, la Russie a toujours prôné la résolution des problèmes les plus complexes par des moyens politiques et diplomatiques, à la table des négociations.

« Nous sommes parfaitement conscients de notre énorme responsabilité en matière de stabilité régionale et mondiale. En 2008, la Russie a présenté une initiative visant à conclure un traité sur la sécurité européenne en vertu duquel aucun État euratlantique ni aucune organisation internationale ne pourraient renforcer sa sécurité au détriment de celle des autres. Cependant, notre proposition a été rejetée d'emblée, sous prétexte que la Russie ne pouvait pas imposer de limites aux activités de l'OTAN.

« En outre, il nous a été clairement signifié que seuls les membres de l'OTAN pouvaient bénéficier de garanties de sécurité juridiquement contraignantes.

« En décembre dernier, nous avons remis à nos partenaires

occidentaux un projet de traité entre la Fédération de Russie et les États-Unis d'Amérique sur les garanties de sécurité, ainsi qu'un projet d'accord sur les mesures visant à assurer la sécurité de la Fédération de Russie et des États membres de l'OTAN.

« Les États-Unis et l'OTAN ont répondu par des déclarations générales. Elles contenaient également des éléments pertinents, mais ils concernaient des questions d'importance secondaire et tout cela ressemblait à une tentative de faire traîner la question en longueur et de détourner la discussion.

« Nous avons réagi en conséquence et souligné que nous étions prêts à suivre la voie des négociations, à condition toutefois que toutes les questions soient considérées comme un ensemble incluant les propositions fondamentales de la Russie, qui contiennent trois points essentiels. Premièrement, empêcher toute nouvelle expansion de l'OTAN. Deuxièmement, l'Alliance doit s'abstenir de déployer des systèmes d'armes d'assaut aux frontières de la Russie. Et enfin, ramener la capacité militaire et l'infrastructure de l'Union en Europe au niveau où elles se trouvaient en 1997, lors de la signature de l'Acte fondateur OTAN-Russie.

« Nos propositions de fond ont été ignorées. Nos partenaires occidentaux ont une fois de plus répété les formules trop familières selon lesquelles chaque État a le droit de choisir librement les moyens d'assurer sa sécurité ou d'adhérer à une union ou à une alliance militaire. En d'autres termes, rien n'a changé dans leur position, et nous continuons à entendre les mêmes vieilles références à la fameuse politique de la « porte ouverte » de l'OTAN. En outre, ils tentent à nouveau de nous faire chanter et nous menacent de sanctions, qu'ils introduiront d'ailleurs quoi qu'il arrive, puisque la Russie continue de renforcer sa souveraineté et ses forces armées. Il est certain qu'ils n'hésiteront pas à inventer ou à fabriquer un prétexte pour une nouvelle attaque assortie de sanctions, quelle que soit l'évolution de la situation en Ukraine. Leur seul et unique objectif est de freiner le développement de la Russie. Et ils continueront à le faire, comme ils l'ont fait auparavant, même sans aucun prétexte formel, tout simplement parce que nous existons et que nous ne compromettrons jamais notre souveraineté, nos intérêts nationaux ou nos valeurs.

« Je voudrais être clair et direct : dans les circonstances actuelles, alors que nos propositions pour un dialogue égal sur les questions fondamentales sont restées sans réponse de la part des États-Unis et de l'OTAN, alors que le niveau des menaces pour notre pays a augmenté de manière significative, la Russie a tout à fait le droit de riposter afin d'assurer sa sécurité. C'est exactement ce que nous ferons.

« En ce qui concerne la situation dans le Donbass, nous constatons que les élites dirigeantes de Kiev ne cessent d'afficher publiquement leur refus de se conformer au paquet de mesures de Minsk pour régler le conflit et ne sont pas intéressées par un règlement pacifique. Au contraire, elles tentent d'orchestrer une guerre éclair dans le Donbass, comme ce fut le cas en 2014 et 2015. Nous savons tous comment ces projets téméraires se sont terminés.

« Il ne se passe pas un seul jour sans que les communautés du Donbass ne subissent des bombardements. L'importante force militaire récemment constituée utilise des drones d'attaque, des équipements lourds, des missiles, de l'artillerie et des lance-roquettes multiples. Le meurtre de civils, le blocus, les mauvais traitements infligés aux personnes, y compris les enfants, les femmes et les personnes âgées, se poursuivent sans relâche. Comme nous le disons, il n'y a pas d'issue en vue.

« Pendant ce temps, le soi-disant monde civilisé, dont nos collègues occidentaux se sont proclamés les seuls représentants, préfère ne pas voir cela, comme si cette horreur et ce génocide, auxquels près de 4 millions de personnes sont confrontées, n'existaient pas. Mais ils existent, et uniquement parce que ces personnes n'ont pas accepté le coup d'État soutenu par l'Occident en Ukraine en 2014 et se sont opposées à la transition vers le nationalisme néandertalien et agressif et le néonazisme qui ont été élevés en Ukraine au rang de politique nationale. Ils se battent pour leur droit élémentaire à vivre sur leur propre terre, à parler leur propre langue et à préserver leur culture et leurs traditions.

« Combien de temps cette tragédie pourra-t-elle durer ? Combien de temps encore peut-on s'en accommoder ? La Russie a tout fait pour préserver l'intégrité territoriale de l'Ukraine. Toutes ces années, elle a obstinément et patiemment poussé à la mise en œuvre de la résolution 2202 du Conseil de sécurité des Nations unies du 17 février 2015, qui a consolidé le paquet de mesures de Minsk du 12 février 2015, afin de régler la situation dans le Donbass.

« Tout a été vain. Les présidents et les députés de la Rada se succèdent, mais en profondeur, le régime agressif et nationaliste qui s'est emparé du pouvoir à Kiev reste inchangé. Il est entièrement issu du coup d'État de 2014, et ceux qui se sont alors engagés sur la voie de la violence, de l'effusion de sang et de l'anarchie ne reconnaissaient pas à l'époque et ne reconnaissent toujours pas aujourd'hui de solution à la question du Donbass en dehors d'une solution militaire.

« À cet égard, je considère qu'il est nécessaire de prendre une décision attendue depuis longtemps et de reconnaître immédiatement l'indépendance et la souveraineté de la République populaire de Donetsk et de la République populaire de Louhansk.

« Je voudrais demander à l'Assemblée fédérale de la Fédération de Russie de soutenir cette décision et de ratifier le traité d'amitié et d'assistance mutuelle avec les deux républiques. Ces deux documents seront préparés et signés prochainement.

« Nous voulons que ceux qui ont pris et continuent de prendre le pouvoir à Kiev cessent immédiatement les hostilités. Dans le cas contraire, la responsabilité de l'éventuelle poursuite de l'effusion de sang reposera entièrement sur la conscience du régime au pouvoir en Ukraine.

« En annonçant les décisions prises aujourd'hui, je reste confiant dans le soutien des citoyens russes et des forces patriotiques du pays.

« Je vous remercie. »

## 13. Discours du 24 février 2022*

**Lettre datée du 24 février 2022, adressée au Secrétaire général par le Représentant permanent de la Fédération de Russie auprès de l'Organisation des Nations unies, S/2022/154**

**Allocution du président de la Fédération de Russie**
**24 février 2022,** 6 heures (heure de Moscou). **Le Kremlin**

« Citoyennes et citoyens de la Fédération de Russie, chers amis,

« Je dois aujourd'hui encore revenir sur les événements tragiques qui se déroulent dans le Donbass et sur des questions essentielles ayant trait à la sécurité de la Russie.

« Je commencerai par ce dont il était question dans mon allocution du 21 février dernier. J'avais évoqué nos principaux motifs de préoccupation et d'alarme ainsi que les menaces existentielles que des politiciens occidentaux irresponsables créaient pour notre pays, année après année, étape par étape, avec une brutalité désinvolte. Je veux parler de l'expansion du bloc de l'OTAN vers l'est, dont les infrastructures militaires se rapprochent des frontières russes.

« Personne n'ignore que, pendant trente ans, nous nous sommes employés avec constance et patience à négocier avec les principaux pays membres de l'OTAN les principes d'une sécurité égale et indivisible en Europe. Nos propositions se sont invariablement heurtées soit à des duperies et des mensonges cyniques, soit à des tentatives de pression et de chantage, tandis que l'Alliance de l'Atlantique Nord, faisant fi de toutes nos protestations et préoccupations, n'a cessé de s'étendre. La machine de guerre est en marche et, je le répète, elle se rapproche de nos frontières.

« Pourquoi cela est-il en train de se produire ? D'où vient cette condescendance, ce sentiment d'exceptionnalisme, d'infaillibilité et d'omnipotence ? D'où vient cette indifférence et ce dédain à l'égard de nos intérêts et de nos revendications parfaitement légitimes ?

---

* Site internet du Kremlin, 24 février 2022 (http://en.kremlin.ru/events/president/news/67843). Version française consultable sur le site du Conseil de sécurité des Nations unies.

« La réponse est évidente, elle est claire et simple. L'Union soviétique s'est affaiblie à la fin des années 1980 avant de s'effondrer complètement. Ce qui s'est passé à l'époque devrait nous servir de leçon aujourd'hui, car le cours des événements d'alors a montré avec force que la paralysie du pouvoir et de la volonté constitue la première étape du déclin et de l'oubli. Nous n'avons perdu confiance en nous qu'un court moment, mais cela a suffi pour que l'équilibre des forces dans le monde soit bouleversé.

« Cela a eu pour conséquence de rendre caducs les traités et accords existants. Mais la persuasion et les exhortations n'y font rien. Tout ce qui ne convient pas à la puissance hégémonique est déclaré archaïque, obsolète et inutile. Et inversement, tout ce qui peut lui profiter est présenté comme la vérité ultime, qu'il faut imposer à tout prix, sans ménagement, par tous les moyens. Les contestataires sont mis au pas.

« Ce que je dis maintenant ne concerne pas seulement la Russie, et nous ne sommes pas les seuls à nous inquiéter de cette situation. Cela concerne l'ensemble du système des relations internationales, et même dans certains cas les alliés des États-Unis. La chute de l'URSS a, de fait, rebattu les cartes à l'échelle mondiale, et les normes du droit international en vigueur jusqu'alors – y compris les plus importantes d'entre elles, à savoir les normes fondamentales qui avaient été adoptées après la Seconde Guerre mondiale et qui en avaient largement formalisé l'issue – faisaient obstacle aux vainqueurs autoproclamés de la guerre froide.

« Bien sûr, dans la vie de tous les jours, dans les relations internationales et dans les règles qui les régissaient, il fallait tenir compte de la nouvelle donne mondiale et de la modification de l'équilibre des forces. Cela aurait toutefois dû se faire de manière professionnelle, sans à-coups, avec patience et en prenant en compte et en respectant les intérêts de tous les pays, chacun devant prendre la mesure de ses responsabilités. Au lieu de cela, sur fond d'indigence culturelle et d'arrogance, une euphorie animée par un sentiment de supériorité absolue – une forme d'absolutisme moderne – avait gagné ceux qui formulaient, adoptaient et imposaient des décisions qui ne profitaient qu'à eux-mêmes. La situation commençait à prendre une autre tournure.

« Il ne faut pas aller bien loin pour trouver des exemples. Tout d'abord, une opération militaire sanglante a été menée contre Belgrade sans l'aval du Conseil de sécurité de l'Organisation des Nations unies, et l'aviation et les missiles ont frappé en plein cœur de l'Europe. Le bombardement ininterrompu de villes qui aspiraient à vivre en paix et d'infrastructures vitales a duré pendant plusieurs semaines. Nous nous devons de remettre ces faits en mémoire, car certains collègues occidentaux préfèrent les laisser aux oubliettes, et lorsque nous en parlons, ils invoquent volontiers non pas le droit international, mais les circonstances, qu'ils interprètent comme bon leur semble.

« Puis est venu le tour de l'Irak, de la Libye, de la Syrie. Le recours illégitime à la force militaire contre la Libye et le pervertissement de toutes les décisions du Conseil de sécurité de l'ONU sur la question libyenne ont conduit à la destruction totale de l'État et à l'émergence d'un immense foyer de terrorisme international, et plongé le pays dans un désastre humanitaire et dans l'abîme d'une guerre civile qui fait rage depuis maintenant plusieurs années. La tragédie qui a condamné des centaines de milliers, voire des millions de personnes, non seulement en Libye, mais dans toute la région, a provoqué un exode massif depuis l'Afrique du Nord et le Moyen-Orient vers l'Europe.

« Un sort similaire a été réservé à la Syrie. Les opérations militaires menées dans ce pays par la coalition occidentale sans l'accord du gouvernement syrien ni l'aval du Conseil de sécurité de l'ONU constituent tout bonnement une agression, une intervention.

« Cependant, c'est l'invasion de l'Irak, également totalement infondée, qui occupe bien sûr une place particulière dans cette liste. Le prétexte était que les États-Unis affirmaient disposer d'informations fiables quant à la présence d'armes de destruction massive en Irak. Pour le prouver, le Secrétaire d'État américain avait brandi à la vue du monde entier une fiole contenant une poudre blanche, en soutenant qu'il s'agissait d'une arme chimique élaborée en Irak. Et puis il s'est avéré que tout cela n'était que manipulation et tromperie : il n'y avait pas d'armes chimiques en Irak. Incroyable, surprenant, mais telle était la vérité. Des mensonges ont été proférés au plus haut niveau gouvernemental et depuis la tribune de l'ONU. Des mensonges qui se sont soldés par d'énormes pertes en vies humaines, des destructions et une effroyable poussée du terrorisme.

« D'une manière générale, il semble que partout ou presque, dans de nombreuses régions du monde, là où l'Occident vient faire régner son ordre, celui-ci laisse des plaies sanglantes et béantes, gangrénées par le terrorisme international et l'extrémisme. Ce ne sont là que les exemples les plus flagrants – mais en aucun cas les seuls – du non-respect du droit international.

« Les promesses faites à notre pays de ne pas étendre l'OTAN d'un pouce vers l'est en font partie. Une fois encore, on nous a trompé. Pour le dire autrement, on nous a roulés. Certes, on entend souvent dire que la politique est une sale affaire. Peut-être, mais pas à ce point. Ce comportement d'aigrefin est non seulement contraire aux principes des relations internationales, mais surtout aux normes de moralité et d'éthique généralement acceptées. Où sont la justice et la vérité ici ? Rien que de purs mensonges et de l'hypocrisie.

« D'ailleurs, les politiciens, politologues et journalistes américains eux-mêmes écrivent et parlent du fait qu'un véritable "empire du mensonge" s'est créé aux États-Unis ces dernières années. Il est difficile de ne pas être d'accord, car les faits ne mentent pas. Mais la modestie n'est pas de rigueur : les États-Unis sont après tout un grand pays, une puissance systémique. Tous les satellites de ce pays non seulement opinent et abondent en son sens docilement et sans rechigner à chaque fois qu'il le faut, mais ils copient aussi son comportement et acceptent avec enthousiasme les règles du jeu. On peut donc affirmer sans crainte et à juste titre que l'ensemble de ce que l'on appelle le bloc occidental, créé par les États-Unis à leur image et à leur ressemblance, correspond en tout point à cet "empire du mensonge".

« Pour ce qui est de notre pays, après l'éclatement de l'URSS, malgré l'ouverture sans précédent de la nouvelle Russie moderne, sa volonté de travailler honnêtement avec les États-Unis et les autres partenaires occidentaux et dans des conditions de désarmement quasi unilatéral, ces pays ont immédiatement essayé de nous écraser, de nous achever et de nous détruire une bonne fois pour toutes. C'est exactement ce qui s'est passé dans les années 1990 et au début des années 2000, quand l'Occident a apporté un appui des plus actifs aux séparatistes et aux bandes de mercenaires opérant dans le sud de la Russie. Quels sacrifices, quelles pertes avons-nous dû supporter, quelles épreuves avons-nous dû endurer avant de pouvoir enfin faire ployer le terrorisme international dans le Caucase. Nous nous en souvenons et nous ne l'oublierons jamais.

« De fait, jusqu'à encore récemment, ils s'évertuaient à nous utiliser pour servir leurs intérêts, à détruire nos valeurs traditionnelles et à nous dicter à nous, à notre peuple, leurs pseudo-valeurs, qui nous auraient rongés de l'intérieur comme un chancre, autant d'attitudes qu'ils imposent déjà de façon agressive dans leurs propres pays et qui mènent directement au déclin et à la déliquescence, car elles sont contraires à la nature même de l'être humain. Cela ne se passera pas ainsi : personne n'y est jamais parvenu et personne n'y parviendra.

« Pourtant, en décembre 2021, nous avons néanmoins une nouvelle fois tenté de trouver un accord avec les États-Unis et leurs alliés sur les principes de sécurité en Europe et sur la non-extension de l'. En vain. La position des États-Unis n'a pas changé. Ils ne jugent pas nécessaire de négocier avec la Russie sur cette question qui est pour nous essentielle ; ils poursuivent leurs propres objectifs en dédaignant nos intérêts.

« Et bien sûr, cette situation soulève une question : que faut-il faire maintenant et à quoi faut-il nous attendre ? Nous avons retenu de l'histoire qu'en 1940 et au début de l'année 1941, l'Union soviétique avait fait tout ce qu'elle pouvait pour empêcher ou du moins retarder le déclenchement de la guerre. Elle avait veillé jusqu'à la toute dernière minute à ne pas provoquer un agresseur potentiel en renonçant, du moins pour un temps, aux préparatifs les plus élémentaires et les plus évidents qui auraient permis de riposter à une attaque imminente. Or, ces mesures, qu'il avait fallu en fin de compte mener à bien, avaient pris un retard catastrophique.

« De ce fait, le pays n'était pas préparé pour faire face comme il se devait à l'invasion de l'Allemagne nazie quand celle-ci a attaqué notre patrie sans déclaration de guerre le 22 juin 1941. L'ennemi a pu être contenu, avant d'être écrasé, mais à un coût colossal. Les efforts déployés pour ménager l'agresseur à la veille de la Grande Guerre patriotique se sont révélés être une erreur qui a coûté cher à notre peuple. Au cours des premiers mois de combat, nous avons perdu de vastes territoires qui revêtait une importance stratégique et des millions de personnes. Nous ne commettrons pas cette erreur une deuxième fois ; nous n'en avons pas le droit.

« Ceux qui ambitionnent de dominer le monde déclarent publiquement, en toute impunité et – permettez-moi de le souligner – sans aucune justification, que nous, la Russie, sommes leur ennemi. Il se trouve qu'ils disposent aujourd'hui de grandes capacités financières, scientifiques, technologiques et militaires. Nous en sommes conscients et nous appréhendons les menaces qui pèsent constamment sur notre économie avec lucidité, de même que notre capacité de résister à ce chantage éhonté qu'on nous impose en permanence. Je le répète, c'est sans aucune illusion que nous faisons ce constat extrêmement réaliste.

« Dans le domaine militaire, la Russie moderne, même après l'effondrement de l'URSS et la perte d'une grande partie de son potentiel, est aujourd'hui l'une des plus grandes puissances nucléaires au monde et dispose en outre d'avantages certains dans plusieurs types d'armes de pointe. Ainsi, il ne devrait donc y avoir aucun doute dans l'esprit de quiconque qu'une attaque directe contre notre pays entraînerait une défaite et des conséquences désastreuses pour tout agresseur potentiel.

« Cependant, les technologies évoluent rapidement, y compris celles de défense. Dans ce domaine, le leadership ne cesse de changer de mains et continuera de le faire, mais la militarisation des territoires limitrophes de notre pays, si nous laissons faire, se poursuivra pendant des décennies, peut-être indéfiniment, et constituera une menace toujours plus grande et totalement inacceptable pour la Russie.

« D'ores et déjà, alors que l'OTAN s'étend vers l'est, la situation empire et devient au fil des ans toujours plus dangereuse pour notre pays. En outre, ces derniers jours, les dirigeants de l'OTAN ont dit explicitement qu'il fallait accélérer et intensifier le déplacement des infrastructures de l'Alliance vers les frontières russes. En d'autres termes, ils durcissent leur position. Nous ne pouvons plus continuer à nous contenter d'observer. Ce serait complètement irresponsable de notre part.

« La poursuite de l'expansion des infrastructures de l'Alliance de l'Atlantique Nord et le début de la militarisation des territoires de l'Ukraine nous sont inacceptables. Bien sûr, le problème ne vient pas de l'Organisation du Traité de l'Atlantique Nord elle-même, puisqu'elle n'est qu'un instrument de la politique étrangère américaine. Le problème est que sur des territoires limitrophes de notre pays – je précise, sur nos propres territoires historiques – une "anti-Russie" qui nous est hostile est en train de se créer, placée sous un contrôle extérieur total, lourdement fortifiée par les forces armées des pays de l'OTAN et inondée d'armes parmi les plus modernes.

« Pour les États-Unis et leurs alliés, il s'agit d'une politique dite d'endiguement de la Russie, qui s'accompagne de retombées géopolitiques évidentes. Mais pour notre pays, c'est en définitive une question de vie ou de mort : il y va de notre avenir historique en tant que peuple.

« Et ce n'est pas une exagération, c'est un fait. La menace est réelle, non seulement pour nos intérêts, mais aussi pour l'existence même de notre État et sa souveraineté. Là est la ligne rouge déjà mentionnée à plusieurs reprises. Ils l'ont franchie.

« Ce qui m'amène à la situation dans le Donbass. Nous constatons que les forces qui, en 2014, ont perpétré le coup d'État en Ukraine, s'emparant du pouvoir pour s'y maintenir au moyen d'élections essentiellement décoratives, ont définitivement rejeté un règlement pacifique du conflit. Pendant huit ans, huit années infiniment longues, nous avons fait tout notre possible pour trouver une solution pacifique à la situation, par des moyens politiques. En pure perte.

« Comme je l'ai dit dans mon dernier discours, il est impossible de ne pas compatir à ce qui se déroule sous nos yeux là-bas. C'était devenu tout simplement intolérable. Il fallait immédiatement mettre fin à ce cauchemar, au génocide perpétré contre les millions d'habitants de cette région dont le seul espoir est la Russie – dont le seul espoir, c'est nous. Ce sont ces aspirations, ces sentiments, mais aussi la douleur des gens, qui ont essentiellement motivé notre décision de reconnaître les républiques populaires du Donbass.

« Il me semble également important de souligner ce qui suit. Afin d'atteindre leurs propres objectifs, les principaux pays de l'OTAN apportent leur soutien aux nationalistes extrémistes et aux néonazis en Ukraine, qui, eux, ne pardonneront jamais aux habitants de Crimée et de Sébastopol d'avoir choisi librement la réunification avec la Russie.

« Ils apporteront bien sûr la guerre en Crimée, comme ils l'ont fait dans le Donbass, pour tuer, tuer des gens sans défense comme le faisaient les unités punitives des nationalistes ukrainiens et les collaborateurs d'Hitler pendant la Grande Guerre patriotique. Ils revendiquent aussi ouvertement un certain nombre d'autres territoires russes.

« Au vu de l'évolution de la situation et des analyses qui nous parviennent, il apparaît que l'affrontement de la Russie avec ces forces est inévitable. Ce n'est qu'une question de temps : ils se préparent, ils attendent le moment opportun. Maintenant, ils réclament aussi des armes nucléaires. Nous ne laisserons pas faire.

« Comme je l'ai déjà dit, la Russie a accepté les nouvelles réalités géopolitiques après la dislocation de l'URSS. Nous traitons avec respect et continuerons de traiter avec respect tous les pays nouvellement formés dans l'espace post-soviétique. Nous respectons et continuerons de respecter leur souveraineté, comme en témoigne l'aide que nous avons apportée au Kazakhstan, pays qui a connu des événements tragiques qui ont compromis ses structures d'État et son intégrité. Mais la Russie ne peut ni se sentir en sécurité, ni se développer, ni exister avec une menace constante émanant du territoire de l'actuelle Ukraine.

« Je rappelle qu'entre 2000 et 2005, nous avons répondu par les armes aux terroristes dans le Caucase, défendu l'intégrité de notre État et préservé la Russie. En 2014, nous avons soutenu les habitants de Crimée et de Sébastopol. En 2015, nous avons recouru aux forces armées pour faire rempart contre les infiltrations de terroristes depuis la Syrie vers la Russie. Nous n'avions pas d'autres moyens de nous défendre.

« C'est ce qui se passe aujourd'hui. Nous sommes arrivés à court d'options pour défendre la Russie, notre peuple, hormis celle à laquelle nous sommes contraints de recourir aujourd'hui. Les circonstances nous obligent à agir de manière décisive et immédiate. Les républiques populaires du Donbass ont appelé la Russie à l'aide.

« Ainsi, en application de l'Article 51 du Chapitre VII de la Charte des Nations unies, avec l'aval du Conseil de la Fédération de Russie et conformément aux traités d'amitié et d'assistance mutuelle conclus avec les Républiques Populaires de Donetsk et de Louhansk et ratifiés par l'Assemblée fédérale le 22 février de cette année, j'ai pris la décision de mener une opération militaire spéciale.

« Son objectif est de protéger ceux et celles qui, huit années durant, ont subi les outrages du régime de Kiev et le génocide orchestré par lui. Aussi, à cette fin, nous œuvrerons à la démilitarisation et à la dénazification de l'Ukraine et traduirons en justice les auteurs des nombreux crimes sanglants perpétrés contre des civils, dont des citoyens de la Fédération de Russie.

« Cela étant dit, nous n'avons pas pour projet d'occuper des territoires ukrainiens. Notre intention n'est pas d'imposer quoi que ce soit à qui que ce soit par la force. Ces derniers temps, par ailleurs, il se dit de plus en plus souvent à l'Ouest que les documents signés par le régime totalitaire soviétique, qui consacrent l'issue de la Seconde Guerre mondiale, ne devraient plus être appliqués. Que peut-on bien répondre à cela ?

« L'issue de la Seconde Guerre mondiale est sacrée, tout

comme les sacrifices consentis par notre peuple sur l'autel de la victoire sur le nazisme. Mais elle ne s'oppose en rien aux hautes valeurs que constituent les droits et les libertés de l'être humain, qui reposent sur les réalités des décennies qui ont suivi la guerre jusqu'à aujourd'hui. Et elle ne l'emporte pas non plus sur le droit des nations à l'autodétermination consacré par l'Article 1 de la Charte des Nations unies.

« Je tiens à rappeler que ni au moment de la fondation de l'URSS ni après la Seconde Guerre mondiale, personne n'a jamais demandé aux habitants des territoires qui constituent l'actuelle Ukraine comment ils voulaient vivre leur vie. Notre politique est fondée sur la liberté, la liberté de choix, qui permet à chacun de déterminer son propre avenir et celui de ses enfants. Or, nous pensons qu'il importe que ce droit – le droit de choisir – puisse être exercé par tous les peuples vivant sur le territoire de l'Ukraine actuelle, par tous ceux qui le souhaitent.

« À cet égard, je tiens à m'adresser aux citoyens ukrainiens. En 2014, la Russie avait l'obligation de protéger les habitants de Crimée et de Sébastopol contre ce que vous-même appelez les "natsiks", les nationalistes. Les habitants de Crimée et de Sébastopol ont fait leur choix, celui d'être avec leur patrie historique, la Russie, et nous avons soutenu ce choix

« Encore une fois, nous ne pouvions tout simplement pas faire autrement.

« Les événements de ce jour ne constituent en rien une volonté de porter atteinte aux intérêts de l'Ukraine et du peuple ukrainien. Il est ici question de la protection de la Russie même contre ceux qui ont pris l'Ukraine en otage et tentent de l'utiliser contre notre pays et son peuple.

« Je le répète, notre démarche relève de l'autodéfense contre les menaces qui pèsent sur nous et contre un malheur encore plus grand que celui qui se produit aujourd'hui. Aussi difficile que cela soit, je vous demande de le comprendre et de coopérer pour tourner cette page tragique le plus tôt possible et avancer ensemble, en ne laissant personne s'immiscer dans nos affaires et dans nos relations, mais en les établissant de manière indépendante, et ce, afin de créer les conditions nécessaires pour surmonter tous les problèmes et, malgré l'existence de frontières d'État, de nous renforcer de l'intérieur comme un tout. Telle est ma conviction, car c'est là que réside notre avenir.

« Je dois également m'adresser au personnel des forces armées ukrainiennes. Camarades ! Vos pères, grands-pères et arrière-grands-pères n'ont pas combattu les nazis en défendant notre patrie commune pour que les néonazis d'aujourd'hui puissent prendre le pouvoir en Ukraine. Vous avez fait allégeance au peuple ukrainien, pas à la junte antipopulaire qui spolie l'Ukraine et bafoue son peuple.

« Ne suivez pas ses ordres criminels. Je vous demande de déposer vos armes immédiatement et de rentrer chez vous. Soyons clairs : tous les membres de l'armée ukrainienne qui se conforment à cette exigence pourront quitter la zone de combats sans entraves et retourner auprès de leur famille.

« Je tiens à insister sur le fait que toute la responsabilité d'une éventuelle effusion de sang reposera entièrement sur la conscience du régime au pouvoir en Ukraine.

« Maintenant, je veux adresser quelques mots importants, très importants, à ceux qui pourraient être tentés d'intervenir de l'extérieur dans les événements actuels. Quiconque essaiera de nous arrêter, et à plus forte raison de menacer notre pays et notre peuple, doit savoir que la réponse de la Russie sera immédiate et entraînera pour lui des conséquences sans commune mesure dans son histoire. Nous sommes préparés à toutes les éventualités. Toutes les décisions nécessaires ont été prises à cet égard.

« J'espère m'être bien fait comprendre.

« Citoyennes et citoyens de la Fédération de Russie,

« Le bien-être d'États et de peuples entiers, leur existence même, leur prospérité et leur vitalité reposent toujours sur un puissant système de racines faites de culture et de valeurs, d'expérience et de traditions ancestrales. Bien sûr, tout cela dépend également directement de la capacité de s'adapter rapidement à une vie en constante évolution, de la cohésion de la société et de sa volonté de faire corps et de rassembler toutes les forces pour aller de l'avant.

« Il faudra toujours se montrer fort – toujours –, mais la force peut prendre différents aspects. Au cœur de la politique de « l'empire du mensonge » que j'ai évoquée au début de mon allocution se trouve au premier chef une force grossière et brutale. Nous avons une expression pour cela : "tout dans les bras, rien dans la tête".

« Mais vous et moi, nous savons que la vraie force réside dans la justice et la vérité, qui, elles, sont de notre côté. Ainsi, on conviendra sans peine que la force et la capacité de se battre sont la base de l'indépendance et de la souveraineté, les fondations essentielles sur lesquelles il serait impossible de bâtir en toute sécurité son avenir, sa maison, sa famille et sa patrie.

« Chers compatriotes,

« Je suis convaincu que les soldats et officiers des forces armées russes, dévoués à leur pays, accompliront leur devoir avec professionnalisme et vaillance. Je ne doute pas que les autorités, à tous les niveaux, les experts chargés de la stabilité de notre économie, de notre système financier et des conditions sociales, ainsi que nos chefs d'entreprise et le milieu des affaires russe dans son ensemble, sauront se coordonner pour agir efficacement. Je compte sur l'ensemble des partis parlementaires et les forces vives pour faire corps et faire preuve de patriotisme.

« En définitive, comme cela a toujours été le cas au cours de l'histoire, le destin de la Russie se trouve entre les mains de notre peuple multinational, et celui-ci ne faillira pas. Cela signifie que les décisions seront appliquées, que les objectifs seront atteints et que la sécurité de notre patrie sera assurée durablement.

« Je crois en votre soutien et en la force invincible que nous donne l'amour de la Patrie. »

## Table des matières

Cet ouvrage a été imprimé en France par
CPI Bussière
Z.I. rue Pelletier Doisy
18200 Saint-Amand-Montrond (France)

pour le compte des Éditions Fayard
en avril 2023

*Photocomposition Nord Compo à Villeneuve-d'Ascq*

PAPIER CERTIFIÉ

**fayard** s'engage pour l'environnement en réduisant l'empreinte carbone de ses livres. Celle de cet exemplaire est de :
550 g éq. $CO_2$
Rendez-vous sur www.fayard-durable.fr

N° d'édition : 62-8608-3/02 - N° d'impression : 2071256